MARCUS KATZ
e TALI GOODWIN

BARALHO LENORMAND

SEM MISTÉRIOS

Editora Pensamento
SÃO PAULO

Título do original: *Easy Lenormand.*
Copyright © 2015 Markus Katz e Tali Goodwin.
Cartas do Oráculo Lenormand de Lo Scarabeo.
Publicado por Llewellyn Publications, Woodbury, MN 55125 USA, www.llewellyn.com.
Copyright da edição brasileira © 2022 Editora Pensamento-Cultrix Ltda.

1ª edição 2022./1ª reimpressão 2023.

Todos os direitos reservados. Nenhuma parte deste livro pode ser reproduzida ou usada de qualquer forma ou por qualquer meio, eletrônico ou mecânico, inclusive fotocópias, gravações ou sistema de armazenamento em banco de dados, sem permissão por escrito, exceto nos casos de trechos curtos citados em resenhas críticas ou artigos de revista.

A Editora Pensamento não se responsabiliza por eventuais mudanças ocorridas nos endereços convencionais ou eletrônicos citados neste livro.

Editor: Adilson Silva Ramachandra
Gerente editorial: Roseli de S. Ferraz
Tradução: Euclides Luiz Calloni
Preparação de originais: Karina Gercke
Gerente de produção editorial: Indiara Faria Kayo
Consultoria técnica: Cláudia Hauy
Capa e projeto gráfico: Marcos Fontes / Indie 6 Produção Editorial
Revisão: Luciane H. Gomide

Dados Internacionais de Catalogação na Publicação (CIP)
(Câmara Brasileira do Livro, SP, Brasil)

Katz, Marcus
 Baralho Lenormand sem mistérios : respostas práticas para perguntas da vida cotidiana / Marcus Katz, Tali Goodwin ; tradução Euclides Luiz Calloni. -- São Paulo : Editora Pensamento, 2022.

 ISBN 978-85-315-2179-9

 1. Baralho 2. Cotidiano 3. Esoterismo 4. Perguntas e respostas I. Título.

22-99352   CDD-133.3242

Índices para catálogo sistemático:

1. Baralho Petit Lenormand : Cartomancia : Artes adivinhatórias

Aline Graziele Benitez - Bibliotecária - CRB-1/3129

Direitos de tradução para o Brasil adquiridos com exclusividade pela
EDITORA PENSAMENTO-CULTRIX LTDA., que se reserva a
propriedade literária desta tradução
Rua Dr. Mário Vicente, 368 – 04270-000 – São Paulo – SP – Fone: (11) 2066-9000
http://www.editorapensamento.com.br
E-mail: atendimento@editorapensamento.com.br
Foi feito o depósito legal.

SUMÁRIO

07
Introdução

11
Um: As Cartas

89
Dois: Leitura das Cartas em um Contexto

107
Três: *O Grand Tableau – Mesa Real*

129
Quatro: Áreas e Significados Ocultos

165
Conclusão

INTRODUÇÃO

> Havia uma âncora; uma ampulheta encimada por uma caveira;
> um camaleão, um touro, uma colmeia...
> Ao todo eram 36 desenhos, e ela nem imaginava
> o que significavam.
> – Philip Pullman, *Northern Lights*

Bem-vindo ao mundo das cartas Lenormand. Você tem em mãos um baralho simples de cartas divinatórias, entretanto poderoso em seu propósito. Um oráculo muito antigo, mas que pode ser utilizado de forma prática no dia a dia de nossa vida moderna agitada. Vamos lhe contar a história sobre a origem dessas cartas e apresentar seus símbolos, quando, então, você poderá usá-las para fazer perguntas e antever respostas para todas as áreas de sua vida.

Em Nuremberg, Alemanha, por volta de 1799, o filho de um industrial abastado criou um jogo de salão. Embora integrante de uma família rica especializada na produção de artefatos de bronze, então muito procurados, Johann Kaspar Hechtel inventou vários jogos dessa natureza. Na época, Nuremberg era também um "nascedouro" de jogos de cartas e de dados, de modo que Hechtel estava rodeado de editores e *designers* desses entretenimentos e distrações.

Além de divertidos, muitos desses jogos eram pedagógicos, desenvolvidos para promover a educação das pessoas nas dimensões da moral e da vida, não como formas de incentivo ao jogo. Assim, o novo jogo de Hechtel foi chamado de *O Jogo da Esperança*. Depois de distribuir as 36 cartas em sequência, os participantes prosseguiam com o lançamento de dados, à semelhança do jogo *Cobras e Escadas*. Na verdade, todos esses jogos derivam de um formato mais antigo, *O Jogo do Ganso*, que, possivelmente, tem suas origens em tempos ainda mais remotos, no jogo *Senet*, criado no Antigo Egito há mais de 4 mil anos.

O Jogo da Esperança era um exemplo típico desses jogos, representando em cada carta um símbolo simples que os cristãos europeus da época reconheciam de imediato: um cão para fidelidade, um parque ajardinado para socialização, uma cruz para sofrimento, uma âncora para esperança ou fé, e assim por diante. Também adotava símbolos para as fábulas contadas durante a ceia ou na hora de dormir: a raposa astuta aparece nas histórias de Reynard e a cegonha engolindo a rã mostra o que acontece com rãs que se expandem demais para as dimensões do seu pequeno lago.

Em sua maioria, esses símbolos já eram conhecidos dos jogadores e usados em um jogo de cartas (descobertas por Mary K. Greer e expostas no Museu Britânico) chamado *Cartas da Borra de Café*; essas cartas, por sua vez, buscaram seu simbolismo nas formas comuns interpretadas na leitura da borra de café. Assim, as cartas do *Cartas da Borra de Café* facilitavam a adivinhação porque bastava embaralhá-las em vez de interpretar padrões no fundo de uma xícara. Hechtel pegou esse jogo, fez alguns ajustes e o transformou em um jogo de salão.

Cerca de cinquenta anos depois, Marie Anne Adelaide Lenormand (1772-1843), conhecida como *Mademoiselle* Lenormand, uma cartomante de grande fama e prestígio, morreu em Paris. Embora não tenhamos um registro claro das cartas por ela usadas em suas várias modalidades de previsão do futuro, é provável que fossem o *Jogo de Cartas de Piquet*, um baralho muito comum e popular na França da época. No entanto, algum editor ambicioso agregou ao *Jogo da Esperança* de Hechtel, bem depois de sua morte, o nome "Lenormand", com o objetivo de tirar partido da notoriedade dessa senhora após sua morte.

Todos os anúncios na época – e desde então – sugeriam que qualquer pessoa podia ler o futuro como *Mademoiselle* Lenormand havia feito, com essas cartas, suas cartas secretas! Infelizmente, é improvável que ela tenha trabalhado com essas cartas, que apenas levam seu nome por questão de propaganda, não de uso real.

Seja como for, as cartas sobreviveram como um instrumento de cartomancia, talvez porque, de fato, remontem à forma mais antiga de adivinhação, a leitura de padrões na borra do café, a qual por sua vez tem origem na leitura de padrões na natureza e em sonhos. Quer seja em uma carta, em um determinado arranjo de folhas de chá, em uma nuvem ou em um sonho, uma cobra sempre simboliza a mesma coisa: perigo.

Neste livro, nós o conduziremos através de cada carta e seu simbolismo, ocasião em que você aprenderá também a linguagem literal do Lenormand; uma cobra é sempre uma cobra; um cão sempre significa um bom amigo – há cartas negativas e positivas muito claras em uma leitura com Lenormand. Você logo aprenderá como dispor as cartas e a ouvir a mensagem dos símbolos por meio de combinações; o Sol e a Casa dirão que você terá sorte ficando por perto de casa, ou o Sol e o Navio aconselharão a iniciar uma busca de melhor sorte!

Independentemente do modo como as cartas saírem, nós o incentivamos a aprender essa linguagem literal e a acolher novas percepções a respeito de qualquer situação que você apresentar a elas, tanto em uma leitura para si mesmo como para outras pessoas.

Que o Sol brilhe, que a Lua brilhe sobre sua Casa e que o Cavaleiro lhe traga somente Trevos.

UM

As Cartas

Antes de examinar cada carta em sequência, façamos um pequeno experimento com uma leitura literal do Lenormand. Embaralhe as cartas e tire duas, colocando-as uma ao lado da outra.

Exercício: Leitura Literal do Lenormand

Diga em voz alta: "[Nome da carta 1] está ao lado de [nome da carta 2]".
Como exemplo, tiramos as cartas A Dama (29) e A Serpente (7). Eu diria: "A Dama está ao lado da Serpente". Essa combinação logo evocará uma imagem e um sentimento em particular – a Dama deve se afastar da cobra, pois essa, por certo, não representa algo bom. Por estar muito perto da Serpente, a Dama talvez nem a veja.
Ou poderíamos puxar as cartas O Cão (18) e A Âncora (35). Logo nos ocorre o nome de um *pub* inglês, *The Dog and Anchor*. Então dizemos: "O Cão está ao lado da Âncora". O que essa combinação

traz à mente? Surge a ideia de que o cão está junto à âncora, talvez esperando um navio. Talvez o cão esteja vigiando a âncora. O que você acha que poderia significar?

Você pode repetir esse exercício com duas ou mais cartas. Com três cartas, você diria em voz alta: "(A carta 2) encontra-se entre (a carta 1) e (a carta 3)". Atenha-se realmente à imagem literal das cartas antes de passar aos significados a seguir. Todos já estivemos em uma situação que poderia ser descrita como "A Criança encontra-se entre a Casa e o Jardim". É admirável como as cartas Lenormand podem ser literais e diretas quando as deixamos expressar-se com clareza e simplicidade.

Depois de dominar algumas disposições horizontais de duas ou mais cartas, você pode trabalhar com as verticais.

Disponha duas cartas, a segunda abaixo da primeira, e diga: "[A carta 2] está abaixo da [carta 1]". Essa frase é tão simples quanto "O Cão está abaixo do Chicote", que dificilmente precisaria de interpretação; mas poderia ser um pouco mais obscura, como "O Sol está abaixo da Torre". Neste segundo caso, talvez pudéssemos imaginar que o dia está adiantado para a situação (já está tarde), e toda possível autoridade ou poder que a Torre tivesse está agora reduzido. Tente dizer o contrário: "A Torre está acima do Sol". Que sentido essa afirmação teria?

Depois de você mesmo praticar mais algumas combinações, vejamos cada carta com seus principais significados, compondo, assim, um quadro de referência.

⇒ 1 ⇐

O Cavaleiro

Começamos com o Cavaleiro; ele é o portador de notícias, o mensageiro, aquele que anuncia mudanças em sua vida. Essa carta pode indicar uma pessoa influente que passa a fazer parte da sua vida. Tradicionalmente, a carta O Cavaleiro traz boas notícias; algo importante que você esteve prevendo e esperando acontecerá.

A influência positiva do Cavaleiro pode ser anulada pelas cartas em torno dele; por exemplo, o Cavaleiro seguido pelo avanço sombrio das Nuvens indica comunicação de más notícias, um aviso de influências nocivas que podem afetar a vida do consulente. Em termos literais, o conjunto está dizendo: "O Cavaleiro traz nuvens negras". Nem tudo é sombrio e prejudicial no Lenormand; essa combinação pode receber alguma luz com o aparecimento da carta O Sol. Veja como a disposição a seguir pode predizer "sol depois da chuva":

- Leitura literal das cartas O Cavaleiro + As Nuvens + O Sol: O Cavaleiro traz nuvens negras, seguidas pelo sol.

Se essa carta é sobre você, há uma questão emocional importante na qual você não está agindo, indicando a necessidade de tomar decisões. Você precisa expressar seus sentimentos e parar de "enrolar"; você só consegue fazer isso seguindo em frente. No entanto, é importante manter o foco e o equilíbrio, do contrário você pode desviar-se do objetivo com a maior facilidade. Como interpretação geral, a carta pode indicar um visitante que chega com boas notícias.

⊰ 2 ⊱
O Trevo

De acordo com a tradição, e como vimos na Introdução, essa é a carta da sorte. Em uma leitura, é considerada uma carta positiva, afortunada, imbuída de "ventura". Ela representa um incentivo a tentar algo novo ou a receber uma oferta de ajuda (especialmente quando combinada com O Buquê).

Em situações financeiras, é uma carta de retorno venturoso ou de um bom investimento, dependendo das cartas ao seu redor. O significado literal e óbvio de uma combinação A Casa + O Trevo + O Coração não precisa de explicação! Se acrescentar O Cavalheiro + O Anel + A Dama, sem dúvida, a expectativa é de que a carta seguinte seja A Criança!

Essa carta é uma garantia de que tudo está bem e de que a situação em que você se encontra é segura e trará tranquilidade. Pode relaxar e desfrutar dessa segurança. Cuide-se e seja gentil consigo mesmo – você merece o melhor.

Essa carta lhe diz para manter-se positivo; você está em um ciclo de boa sorte e grande abundância.

3
O Navio

O Navio simboliza viagem e movimento. Essa carta pode significar possibilidades e oportunidades. Se houver uma situação ou projeto que você esteve receoso de levar adiante, esse é o momento de zarpar e assumir a mudança e o progresso que serão seus. Você está preso a uma rotina entediante? Em caso afirmativo, precisa realizar mudanças, imaginar onde quer estar no futuro. Nunca é tarde demais para fazer o que tem sido adiado!

    Seguindo em frente, as condições são perfeitas e o momento é propício para avançar. A jornada exigirá certas habilidades à medida que você prosseguir, superando condições difíceis para assegurar uma transição segura. Utilize a força dos recursos naturais; o vento traz mudanças e movimento – não deixe de fazer as mudanças. Você pode ter uma nova vida!

    Navio é uma carta muito favorável e nos leva a um bom lugar.

4
A Casa

No baralho Lenormand, a carta A Casa representa um santuário, segurança e, acima de tudo, "lar, doce lar", o que lhe confere um contexto muito positivo. É um abrigo contra as turbulências do mundo externo e significa pertencimento, intimidade. No entanto, como acontece com todas as cartas Lenormand, seu aspecto positivo pode ser influenciado negativamente pelas seguintes combinações:

- O Chicote + A Casa = Conflitos em casa, em família
- Os Peixes + O Chicote + A Casa = Conflitos em casa relacionados a questões financeiras
- A Âncora + A Casa + A Chave + A Serpente = Casa estável, mas vulnerável a ameaças

Esta última combinação é uma advertência para tomar cuidado com "cobras" à sua porta. Não convide ninguém que não seja da sua estrita confiança a entrar no seu santuário interior.

Reflita sobre o ditado "O lar está onde está o coração". Essa carta representa estabilidade, força e uma vida boa; ela é a combinação perfeita do contentamento familiar e do bem-estar emocional que o acompanha. Se aparecer no contexto de uma consulta relacionada à possibilidade de assumir um compromisso com uma pessoa que passou a fazer parte da sua vida, ela é positiva no que diz respeito a uma compatibilidade saudável.

⇒ 5 ⇐
A ÁRVORE

Essa carta está relacionada à tradição, à linhagem e à sabedoria dos ancestrais – a sabedoria milenar que resiste à prova do tempo. Pense no longo tempo de vida de uma árvore, como a Árvore de Matusalém, que tem milhares de anos e se manteve sólida e robusta através de incontáveis mudanças que causaram fome, guerras e turbulências. Ela testemunhou alterações drásticas ocorrendo ao seu redor, para o bem e para o mal, com o homem invadindo seu espaço sagrado, mas, ainda assim, mantém sua dignidade. Ela tem capacidade de resistência; essa carta é uma orientação no sentido de você também ter força para resistir. Sabe-se que a Árvore de Matusalém adota uma estratégia que lhe possibilita sobreviver – "espalha suas raízes e expande sua copa" – e aproveitar ao máximo os recursos que absorve.

Siga o exemplo dessa velha árvore: não ceda nem desista quando tudo ao seu redor estiver fora de controle; religue-se à sabedoria que está dentro de você, a sabedoria que seus ancestrais lhe transmitiram através da sua árvore genealógica. Honre-os e eles o honrarão.

6
As Nuvens

No Lenormand, a carta As Nuvens é tradicionalmente prenunciadora de incertezas. Pode indicar também um estado de confusão, de pensamentos e emoções, ar e água. Todos nós já ouvimos falar de alguém que anda por aí "com a cabeça nas nuvens" – essa pessoa está em um estado de alheamento mental e emocional que a torna incapaz de ver o que realmente acontece em uma situação. A confusão dessa carta pode ser em parte esclarecida se estiver posicionada perto da carta O Sol, com esta imediatamente acima daquela. O sol dispersaria as nuvens.

O sombreado em torno da borda da carta pode indicar se a incerteza está se aproximando ou se afastando do consulente.

Um céu nublado pode assinalar um clima bom ou ruim. Quando vemos nuvens escuras e carregadas no céu, sabemos que um mau tempo se aproxima e nos preparamos para o dia de acordo com essa expectativa. Essa carta, então, mais do que a qualquer outra coisa, está associada ao fato de estarmos cientes do que acontece em nosso ambiente, de interpretarmos os sinais que vemos e de agirmos conforme esses sinais. A imagem na carta mostra, em geral, nuvens cúmulos, escuras e claras, o que pode significar que haverá mudanças à frente, tanto boas quanto ruins. Assim, essa carta pode sugerir que o momento é oportuno para resolver assuntos que estiveram fervilhando em sua premência para vir à tona, dissipando, desse modo, a pressão acumulada.

7

A Serpente

A carta A Serpente representa uma pessoa importante na vida do consulente, em geral uma mulher, quase sempre pouco inclinada ao bem. Essa simbologia se deve em parte à associação bíblica da serpente com a tentação de Eva. Certamente, há motivos para preocupação se a Serpente estiver deitada (literalmente) embaixo da carta do consulente.

"Olhe onde você pisa." A Serpente é forte, mas silenciosa, furtiva e pronta a atacar quando menos se espera. Ela nos adverte a estarmos preparados para o inesperado. Se essa carta aparece em uma questão envolvendo relacionamentos, pode significar que alguém, talvez, esteja se sentindo atraído por um envolvimento de natureza fortemente sexual e magnética.

Em um nível mais abstrato, a Serpente favorece a cura regeneradora. Se aparecer em resposta à saúde, as previsões são boas. Seja forte, discreto e cauteloso e, acima de tudo, respeite as confidências alheias.

Não há outra maneira de começar a interpretar a carta A Serpente senão com um gesto e som de assombro, e não há modo de evitar o fato de que a Serpente representa um problema. Quando usada como carta associada a uma pessoa, a Serpente expressa traços de caráter negativo, alguém manipulador e escorregadio, evasivo por natureza. Tradicionalmente, ela pode significar a presença de uma mulher ciumenta, uma rival apaixonada na equação. Aqui há traição.

⋄ 8 ⋄
O Caixão

Tradicionalmente, o Caixão representa perda em decorrência de saúde precária e de morte. Entretanto, é preciso lembrar que, na época da criação das cartas, a doença e a morte eram devastadoras. A pessoa podia dar-se por satisfeita se conseguisse viver até os 40 anos. As mulheres morriam com frequência de parto e a mortalidade infantil era elevada. A atitude com relação à doença e à morte era de resignação. É fácil compreender a enorme preocupação das pessoas da época.

Assim, qual o verdadeiro significado da carta O Caixão? Ele pode indicar o "fim" de algo, literalmente, como o término de um relacionamento ou do casamento, problemas financeiros, a perda de um emprego, dificuldades e conflitos, o cancelamento de algo dado como certo, ou, até mesmo, o fim de viagens.

A carta lembra também os ritos de passagem, o fim de um período, a aceitação de algo que está sendo feito e concluído, a aceitação dos arrependimentos inevitáveis ou desgastados que precisam ser deixados para trás. Essa é a carta da iniciação, do abandono de velhos apegos e da renúncia ao egoísmo. Aguarde o renascimento de um novo eu. Com relação a um ciclo, o fim está próximo. No entanto, diante da perspectiva de mudança, um sentimento de luto ou tristeza pode emergir.

❖ 9 ❖
O Buquê

Por tradição, o Buquê simboliza a alegria chegando e animando a vida da pessoa. Você receberá uma manifestação de apreço que o deixará feliz, algo que pode surpreendê-lo. No passado, as flores eram usadas como um código secreto para expressar as intenções de uma pessoa para outra. De modo especial, as intenções de natureza romântica. As diferentes combinações em um buquê de flores expressavam uma mensagem codificada especial, à maneira Lenormand. Devemos lembrar que os símbolos ocultos estavam muito presentes na psique das pessoas da época. Na chamada linguagem das flores, a íris, a rosa vermelha e a hera, juntas, significavam um mensageiro (íris) apaixonado (rosa) e fiel (hera).

"Diga com sentimento ou, então, não diga." Sinal/expressão de admiração e gratidão, a frase pode aplicar-se a considerações de caráter romântico ou apenas por serviços prestados. Seja cauteloso ao expressar o quanto valoriza alguma coisa ou pessoa em sua vida: você tem em vista uma ocasião especial ou alguma celebração? Essa carta nos lembra de que estamos vivos e precisamos tomar consciência da beleza simples da natureza e reservar alguns momentos para "sentir o aroma das flores". Ela pode estar orientando-o a adotar uma abordagem natural e simples para conquistar a afeição de alguém; evite o modo materialista de ser (deixe a viagem ao Caribe para mais tarde). Um gesto afável pode produzir mudanças positivas. A energia feminina está fluindo. Se for necessária clareza em relação a um empreendimento ou projeto, bons dividendos serão a recompensa de um trabalho bem realizado.

10
A Foice

Na tradição do Lenormand, a carta A Foice corta e limpa; ela indica que algo será cortado da sua vida e deixará de existir. Esse corte pode ser um choque. No entanto, essa limpeza não é de todo negativa, pois possibilitará o crescimento de algo novo, talvez o início de uma nova vida. Esse novo começo pode se referir a um relacionamento; a aflição pelo fim de uma relação oferece-lhe novas oportunidades e você tem a possibilidade de conhecer outra pessoa. Se aplicada ao trabalho, a perda de um emprego pode levar a uma reavaliação da sua vida e a uma carreira totalmente nova.

"Uma lâmina cega também corta." Essa carta representa um chamamento à ação e um apelo a estar preparado para o que virá. Tudo o que esteve adiando logo se manifestará e precisará ser abordado antes que fique fora de controle. Não subestime o trabalho envolvido e tudo o que você terá de enfrentar. A presença dessa carta em uma tiragem chama a atenção para as cartas ao seu redor, destacando o momento; ela pode indicar oportunidade e discernimento. Ao lado da carta A Serpente, por exemplo, pode sugerir a necessidade de agir o mais rápido possível para enfrentar um indivíduo sorrateiro. Se A Foice aparecer no lado esquerdo, contenha-se, adote uma atitude mais lógica, raciocine e tente argumentar. Se cair no lado direito, deixe-se levar mais pelo sentimento do que pela razão.

⋆ 11 ⋆
O Chicote

Uma carta que remete a problemas, palavras agressivas, inquietude e discussões. Em alguns casos, pode significar servidão. "Sem dedicação não há compensação." Essa carta ressalta a importância da motivação e da disciplina, resultando na consecução dos nossos objetivos. Existem formas e meios para progredir, mas, raras vezes, o caminho do sucesso é linear. Precisamos dominar as nossas fraquezas e transformá-las em forças a serviço dos nossos esforços. Para os antigos egípcios, o chicote era um símbolo do poder, por isso essa carta expressa com intensidade o domínio de si. Além disso, algumas áreas da nossa vida precisam ser melhoradas, e com vigor, e assim essa carta ressoa: "Mãos à obra!". Ao lado de A Foice, O Chicote indica revés redobrado.

    O Chicote pode representar atritos e divergências: talvez uma disputa para que uma das partes do relacionamento, em casa ou no trabalho, sustenha "a mão superior", a "mão do chicote", ou seja, o controle ou a vantagem. Essa luta pelo poder em um relacionamento pode se manifestar como um chefe difícil, e a carta que concretiza esse aspecto é O Urso. Além disso, tenha todo cuidado se essa carta cair próxima da carta A Serpente – a traição pode estar por perto.

    Em um sentido bem literal, há possibilidade de uma repreensão. Talvez você precise pagar por alguma transgressão passada. O Chicote é um capataz severo que exige disciplina. O significado tradicional da carta implica conflito e desarmonia, e indica que a desordem será "chicoteada". Se a divergência predomina, é possível que o ânimo enfraqueça e que as críticas e os desentendimentos estejam tornando o ambiente de fato muito infeliz. Essa carta também pode indicar que algo ou alguém está sendo "chicoteado" em um estado de arrebatamento. E pode ainda se referir a uma necessidade de controlar as coisas em sua vida.

⁑ 12 ⁑
Os Pássaros

A carta Os Pássaros significa conversa, comunicação, bate-papo. "Sabedoria milenar, despertando enquanto outros dormem." Essa carta evoca *Os Pássaros*, de Alfred Hitchcock, especialmente a cena em que a heroína vê pela janela os pássaros pousados em linha nos fios elétricos. Essa é uma metáfora da comunicação –

entendemos a mensagem? Pensando um pouco mais sobre essa cena e observando-a do ponto de vista do conto original de Daphne du Maurier, o enredo trata do perigo de se estar em desarmonia com a ordem natural das coisas, prejudicada pela tecnologia.

Essa carta diz: "Ouça sua intuição", o que lhe chega de modo natural, não impositivo. A lei da equanimidade opera em todos os níveis. Isole o ruído externo e ouça o sábio, o oculto, o sagrado. Olhe além, a partir de dentro.

No uso moderno, essa é a carta da tagarelice, das fofocas, do lero-lero e das comunicações em tempo real (ao contrário da lâmina Carta). A carta Os Pássaros está cheia do vozerio das pessoas através do ramo de videira.

A carta Os Pássaros significa que as notícias se espalham muito rápido (principalmente com o Cavaleiro), por telefone, mensagem de texto, Facebook e, claro, o Twitter.

Onde a carta Os Pássaros aparece, tudo em torno dela já está no ar ou sendo transmitido; não há como interromper.

⋆ 13 ⋆
A Criança

A carta A Criança representa literalmente uma criança na vida do consulente ou, em um nível simbólico, uma natureza infantil. Estamos diante da inocência e da capacidade de brincar.

"Primeiros passos hesitantes no mundo – um legado vivo." Honestidade, integridade, coração puro, imparcialidade e autenticidade:

um estado ainda não maculado pelo cinismo e pela amargura. Recomeço: nunca é tarde para aprender coisas novas. Participe de novas experiências, deixe de lado o medo que o detém, entregue-se como uma criança. Confie no processo; esses primeiros passos vacilantes são apenas o início. A orientação para os relacionamentos é que se deve ser mais confiante, autêntico e proceder do coração, não da mente.

Em uma situação relacionada ao trabalho, essa carta mostrará que são necessárias espontaneidade e novas ideias.

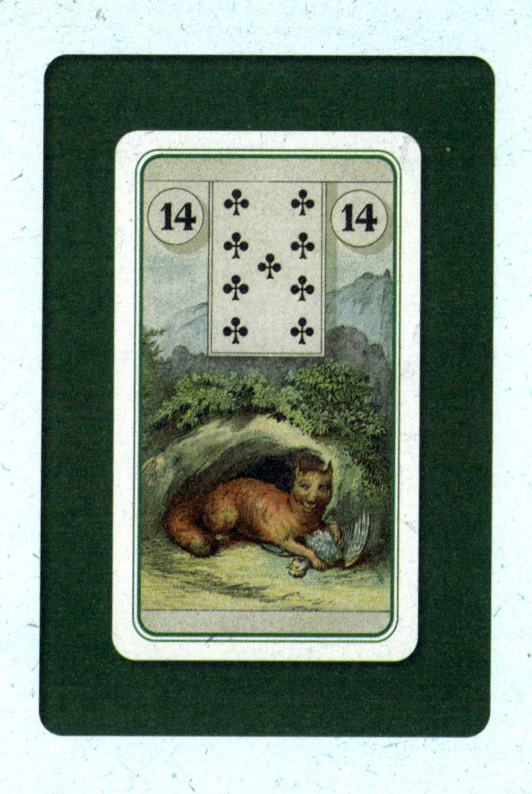

☙ 14 ❧
A Raposa

Carta da astúcia e da esperteza; algo sempre está em andamento quando a carta A Raposa entra em cena. A posição dessa carta em uma leitura determinará se é você quem deve ser cauteloso ou se outros já o estão enganando. De qualquer modo, trata-se de um alerta a ficar atento.

No baralho Lenormand, a Raposa é o estrategista: não deixa passar nada e, na verdade, está sempre pronto a pregar alguma peça em alguém. As qualidades da raposa são a perspicácia e a sagacidade em evitar ser criticado em qualquer situação, especialmente no trabalho.

Todos nós conhecemos um Sr. (ou Sra.) Raposa no local de trabalho; ele é cheio de boas ideias, de criatividade e exibe um forte instinto de sobrevivência. É aquele que está à espreita e prestes a arrebatar pelas costas a promoção que seria sua, e sempre pegará a última fatia do bolo. Em suma, esse modo de se portar lhe atraiu uma péssima reputação, tendo por isso muitos inimigos na vida e no trabalho.

A Raposa possui energias que você aprecia ou então detesta, e quando ela está em uma posição de influência em sua leitura, é recomendável precaver-se com relação ao que está "aprontando"! No entanto, lembre-se de que ela não é de todo má, e se estiver ao lado da carta O Trevo, por exemplo, pode indicar "ideias inovadoras portadoras de boa sorte".

⇢ 15 ⇠
O Urso

O Urso é um símbolo de poder e autoridade. Pode representar uma figura masculina importante na vida do consulente, como um chefe. Quando em combinação com a carta A Dama, pode significar a Mãe, e com a carta O Cavalheiro, o Pai.

Na alquimia, o Urso corresponde à primeira fase do trabalho alquímico, o nigredo, um processo de enfrentamento das sombras. Assim, essa carta indicaria uma energia bruta e maléfica em ação em uma situação aflitiva para o consulente. Essa conjunção pode resultar no despertar de instintos primitivos, com o consulente ou alguém próximo a ele irritando-se com facilidade, ou em uma situação que pode facilmente complicar-se se não for tratada com cuidado.

Seja cauteloso ao expressar seu lado sombra, pois, como Walt Kelly escreveu com grande sabedoria: "Encontramos o inimigo; esse inimigo somos nós mesmos". O que mais devemos temer é o que está à espreita dentro de nós.

O Urso pode simbolizar negócios e finanças – tome como exemplo a expressão *bear market*[1] (em tradução literal: mercado do urso), que significa ações em queda nas negociações da bolsa, situação que muitos operadores consideram como propícia para adquirir ações, depois vendidas em um momento de alta *bull market*[2] (em tradução literal: mercado do touro) para auferir lucros.

---

[1]. Nome que se dá ao mercado quando os preços se encontram em baixa. Mercado em depressão ou em descida. Tendência de queda generalizada das cotações, relativamente prolongada, refletindo o sentimento de pessimismo dos investidores. (N. do T.)

[2]. Nome que se dá ao mercado quando os preços se encontram em alta. Mercado em ascensão ou em euforia. Tendência de subida generalizada das cotações, relativamente prolongada, refletindo o sentimento otimista dos investidores. (N. do T.)

16

A Estrela

A Estrela representa clareza em tudo o que está próximo e distante, e um anseio de que a esperança e as aspirações se tornem realidade. É muito importante manter uma perspectiva positiva em assuntos relacionados ao trabalho. Saiba que o simples fato de algo ser desejável, parecendo oferecer abundância, por maior e atraente que seja, não é garantia de correspondência com a realidade. De acordo com a astronomia, as estrelas maiores e mais brilhantes são as que estão na fase de esgotamento de energia.

A carta A Estrela diz que precisamos avaliar nossa vida: vivemos em ritmo muito acelerado? Queremos a todo custo ser mais brilhantes e melhores que os outros, à custa do nosso próprio bem-estar? Se aplicarmos as condições de uma estrela a nós mesmos, corremos o risco, como ela, de queimar cedo demais, consumindo energia e "combustível" muito rapidamente para manter nossa aparência mais reluzente. Lembre-se de planejar a longo prazo!

Em leituras de caráter geral, A Estrela é uma carta de clareza e visão, é favorável no caso de o consulente ter uma intenção, um objetivo em mente. Siga o que o inspira, não viva a vida sem um propósito e não se desvie do seu destino.

⇒ 17 ⇐
A Cegonha

A presença dessa carta em uma leitura indica desembaraço de uma situação difícil ou a chegada de notícias boas e produtivas. A Cegonha guardava um significado importante para os romanos, que a consideravam um símbolo de respeito e devoção aos pais e ancestrais.

No Lenormand, a carta A Cegonha pode significar a chegada de notícias boas ou más, influenciadas pelas cartas próximas. As notícias podem se concretizar de várias maneiras, sendo a mais óbvia a notícia de um nascimento. A ênfase recai sobre a família ou uma amizade estreita, sugerindo que sua família e amigos estarão à sua disposição: você pode contar com eles em um momento de necessidade, e essa ajuda pode chegar-lhe na forma de um presente.

Por outro lado, talvez você se veja em uma situação em que a presença da Cegonha pode indicar o recebimento de informações de que algo lhe está sendo tirado em proveito de outra pessoa. Por exemplo, você pode receber o aviso de que terá de procurar outro apartamento porque o atual será ocupado pelo proprietário e sua família. Se as cartas A Árvore, A Casa e A Foice também aparecerem, a influência será ainda maior.

Toda leitura fará mais sentido se observarmos o caráter da Cegonha: ela tem a reputação de ser confiável, retornando todos os anos ao local onde construiu seu ninho. O termo hebraico para cegonha é *chasidah*, a "fiel". Ela sempre volta, sendo interessante observar que a palavra *chasidah* também se relaciona com o termo *chesed*, que na Cabala significa "bondade, misericórdia". Sabemos que a cegonha pratica naturalmente atos de bondade para com suas companheiras por sua tendência a presenteá-las com comida. No entanto, esse comportamento é de natureza seletiva – a cegonha furta comida de outras espécies de aves para realizar esse ato "generoso"!

18
O CÃO

O Cão simboliza lealdade, dependência e presença na vida de um amigo ou pessoa querida. Na vida do consulente, é a pessoa que dá amor incondicional, mas que pode ser um pouco carente. Em uma leitura de viés mais negativo, existe alguém acolhido por você que pode acabar mordendo a mão que o alimenta? É necessário assumir o controle e mostrar aos outros que você é o "cão alfa"!

O cão é um companheiro fiel que convive naturalmente com os seres humanos, apesar de ainda conservar sua natureza primitiva. Os cães são capazes de se beneficiar ao máximo de dois mundos – o selvagem e o doméstico. Se você cuidar bem de um cão, ele o recompensará com uma atenção incessante e um coração aberto e amoroso. No entanto, o cão é um animal de bando: ele precisa conhecer seu lugar na matilha; do contrário, ele assume a liderança, achando que você ocupa uma posição subalterna.

Quando combinada com cartas relacionadas ao local de trabalho ou à autoridade, essa carta pode trazer à tona questões de hierarquia e de conflitos internos.

19
A Torre

A Torre indica a necessidade de estar ciente do que acontece ao seu redor, de estar preparado para qualquer eventualidade. É verdade que um homem prevenido vale por dois. Essa carta diz que você está em vantagem, que ocupa uma posição segura e sólida. A Torre é o lugar para se estar – você se encontra em uma posição elevada. Esta é uma carta de cautela, expressando a importância de manter uma posição vantajosa em uma situação.

A Torre pode representar uma posição defensiva que o deixa bem protegido, mas em situação desfavorável. Se surge em relação a um problema de saúde, pode se referir à função defensiva do sistema imunológico. Também pode indicar a necessidade de se afastar física e emocionalmente de outras pessoas para descansar e se recuperar.

De outra perspectiva, ela pode remeter à necessidade de ver além do momento atual para arquitetar uma ideia sobre nossa situação a longo prazo. Precisamos ser mais analíticos e mais objetivos, talvez até estratégicos, em nosso planejamento. Se à Torre seguir o Anel, ela dirá: "Planeje e avalie antes de se comprometer com um contrato". Um anel de sinete aplicaria o selo ao negócio! Em combinação com a lâmina A Carta, consolida-se a necessidade de ter certeza da situação antes de prosseguir.

A Torre pode se referir ao poder, à burocracia e à necessidade de enfrentar algo muito maior do que nós. Podemos nos defrontar com um sistema bem estabelecido que é inflexível e aparentemente intransigente. Ela pode se manifestar na forma de um setor tributário. Se somos protegidos pelo sistema, nos tornamos parte da própria máquina.

20

O Jardim

A carta O Jardim diz respeito à saída para o mundo e à socialização em alguma competência. É a carta do *network*, dos contatos, do compartilhamento e da congregação de pessoas que pensam da mesma forma. No contexto dos relacionamentos amorosos, pode indicar um encontro romântico ou um lugar com outras pessoas, como uma festa ou uma refeição fora de casa.

De modo geral, a carta, particularmente na tradição francesa, tende a significar uma "vida natural", uma vida de apreciação cultural. Muitas vezes ela é desenhada com uma fonte que alimenta a capacidade de desfrutar a vida e, em troca, é alimentada. Em uma situação profissional, pode indicar que tudo se desenvolve de modo suave e harmonioso, e mesmo criativo.

O Jardim pode também simbolizar casamento e união, especialmente quando próximo do Anel, que trata de promessa e compromisso. Com as cartas O Coração e O Trevo, pode ser um casamento perfeito, embora seja necessário esforço e dedicação para mantê-lo, assim como o carinho e o trabalho dedicados ao cultivo de flores e plantas em um jardim.

A Serpente perto da carta do Jardim sussurra literalmente mentiras e traição à espreita em um ambiente social. Esse é um reflexo da história do Éden, embora em termos mundanos seja um local de trabalho ou o mundo das mídias sociais: Facebook, Twitter. Sabemos que nem todas as notícias são boas, e uma combinação das cartas A Serpente e O Jardim alerta para a possibilidade de manipulação por parte de pessoas que só abrigam interesses egoístas em seu coração.

Anime-se se a carta A Cegonha estiver por perto; ela pode abrandar a situação. As cegonhas são conhecidas como predadoras das cobras, e assim sua proximidade pode reverter uma situação malévola.

21

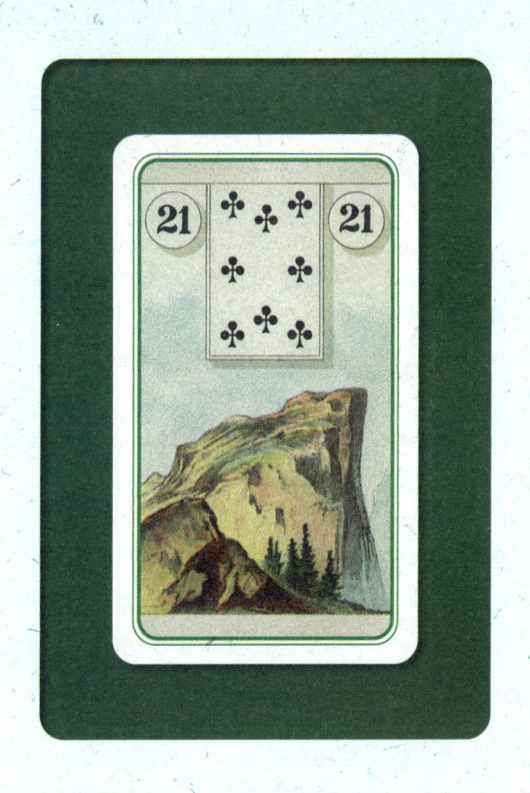

A Montanha

Não transforme uma colina em montanha (mais popularmente: Não faça tempestade em um copo d'água). A carta A Montanha pode representar um obstáculo ou um desvio. Na tentativa de alcançar um objetivo ou de assumir um compromisso, às vezes, temos de vencer várias barreiras. Um bloqueio ou obstáculo particularmente difícil pode tentar-nos a recuar, mas o contexto dessa carta nos dirá se é melhor recuar ou encontrar outra maneira de superar a dificuldade. Invariavelmente, o melhor a fazer é ranger os dentes, levantar a cabeça, fincar nossa bandeira metafórica e chegar ao outro lado.

A Montanha também simboliza perenidade, resistência e a energia necessária para suportar o declínio constante da vida. Em algumas tradições, ela representa a estrutura óssea, isto é, os ossos da Terra. Em relação à saúde, esse contexto pode remeter à condição de rigidez e falta de flexibilidade. Problemas relacionados à coluna vertebral podem estar presentes.

Se a carta A Montanha está ao lado da carta Os Ratos, um obstáculo ou problema que antes podia parecer enorme e intransponível será percebido em suas devidas dimensões. Isso se aplica de modo especial se o problema tiver relação com uma discussão acalorada ou com uma situação persistente em que nenhuma das partes está disposta a ceder. Uma discussão ou palavras ofensivas e ameaçadoras podem ter causado medo.

Se você perguntar ao baralho Lenormand a respeito da sua falta de progresso na carreira e A Montanha aparecer perto da carta Testemunha[3] (carta que representa o consulente), ela está confirmando que você tem um obstáculo a vencer. No entanto, o que você quer de fato saber é como remover esse entrave ao progresso. Se à carta da Montanha seguir a carta Os Ratos, você deve continuar "roendo" e produzindo resultados. Combinada com a carta A Lua, a carta A

---

3. **Carta Testemunha** é a carta que representa o consulente, assim como a carta que representa seu par. Normalmente é a carta 28 para consulentes do sexo masculino e 29 para consulentes do sexo feminino. (N. do T.)

Montanha significa "reconhecimento", e se essas duas forem seguidas pela carta O Buquê e pela carta Os Peixes, a indicação é de que esse reconhecimento assume a forma de dinheiro.

A carta A Montanha pode expressar a necessidade de elevar-se acima da posição em que você se encontra no momento. Você precisa ser exaltado e pode se perceber acima dos outros, talvez no sentido de merecimento, encorajamento. Novas alturas serão alcançadas, mas somente com muito empenho.

22
Os Caminhos

"Onde há vontade, há um caminho." A carta Os Caminhos simboliza as escolhas e decisões que devemos fazer e tomar em nossa jornada pela vida. Essa carta pode indicar que você chegou a esse ponto da sua vida e esse é o momento de agir. Ela pode representar um dilema, um problema difícil de resolver ou ocasiões em que você simplesmente não consegue chegar ao cerne da questão. Quando ocupa uma posição de influência na leitura, essa carta significa que o consulente é convocado a exercer sua vontade de encontrar um caminho a seguir.

Quando consideramos que uma carta Lenormand representa o personagem de alguém (por exemplo, quando cai acima ou abaixo da carta Testemunha em um *Grand Tableau* – Mesa Real), ela revela um personagem instável. Ela indica literalmente alguém sempre em movimento, mas nunca ciente do seu destino. Também pode ser (em uma tradição alemã) um cético. Sem dúvida, trata-se de alguém que não podemos identificar em um só lugar. Em combinação com O Navio, essa carta pode indicar uma pessoa irrequieta, sempre em movimento; com A Âncora, indicaria alguém que sofre por desejar viajar e não conseguir.

Em uma leitura, essa carta reflete a natureza que a constitui; ela é influenciada pelas cartas ao seu redor, indicando, assim, força de vontade, bravura e coragem para seguir seu caminho no mundo (se combinada, digamos, com as cartas O Urso, O Navio ou O Coração). Combinada com as cartas A Criança, A Árvore, A Casa ou A Montanha, no entanto, pode representar uma pessoa inconstante e hesitante, que não é uma coisa nem outra e não consegue tomar uma decisão assertiva.

23

Os Ratos

Essa carta é negativa e alerta para detalhes ausentes, ao mesmo tempo que desvia a atenção para o cenário geral. Os ratos já estão corroendo seus recursos, sua confiança, tudo o que está perto deles. Caso seja a carta O Navio, por exemplo, você pode ter seus planos de férias malogrados pelo esquecimento de um detalhe fundamental (passagens, alguém?).

Em um contexto profissional ou familiar, a carta Os Ratos mostra que pessoas que conhecemos há pouco tempo podem estar "mordiscando" nossa posição. Se combinada com as cartas A Serpente ou A Raposa, ou se estiver próxima delas, seu significado é de advertência. Recorreríamos à carta O Urso para ver como poderíamos manter nossa autoridade nesse confronto dos animais!

A carta Os Ratos também indica perda, falta de recursos e pobreza. Em linguagem moderna, entenderíamos isso como "crenças limitantes", mas no Lenormand tradicional o que vemos é o significado literal – qualquer que seja a causa, psicológica ou espiritual, o resultado é o mesmo: você não conseguirá dispor de recursos para frequentar aquele *spa* ou *resort* se os ratos não forem expulsos da Casa. Perto da carta A Casa, essa carta pode, inclusive, indicar algum tipo de roubo, em uma interpretação tradicional.

A carta Os Ratos possui a energia da produtividade e da realização de tarefas em pequenas etapas. O rato é um bichinho de nada, mas é capaz de infestar uma casa inteira rapidamente, sem que sequer se perceba. Em uma posição de influência, essa carta pode estar chamando a atenção para algo que está acontecendo no seu ambiente e sobre o qual você não tem controle. Talvez você esteja deixando que pequenas coisas o sobrecarreguem, a ponto de envolver-se em situações fora de controle. Levante-se dessa zona de conforto e espante os medos para não ser um rato em sua própria casa!

24
O Coração

O Coração fala por si; é um símbolo que todos conhecemos. Quando essa carta é determinante em uma leitura, ela concentra tudo o que se refere ao amor, ao relacionamento e à criação de alguma forma de união, especialmente quando está perto das cartas O Anel, O Jardim e O Trevo.

Tendemos a observar a situação do Coração entre as cartas O Cavalheiro e A Dama para indicar a natureza de um relacionamento, se a pergunta levar a isso. Obviamente, preferimos que O Coração seja a única carta entre as duas pessoas que se relacionam! Na verdade, três em cada cinco perguntas que lhe serão feitas na qualidade de cartomante serão dessa natureza.

Para uma consulta relativa a uma profissão, essa carta significa que alguém acompanha o consulente de perto, provavelmente alguém que o patrocina e o apoia em um nível emocional e afetivo, não apenas lógico ou prático. A combinação das cartas O Urso (poder), A Torre (autoridade) e O Coração (harmonia) revelaria um local de trabalho repleto de paixão e força.

Quando a carta O Coração está próxima de outras cartas positivas, sua influência aumenta; nessa posição ele brilha de fato como o centro de atenção – nosso emocional está totalmente satisfeito. No entanto, se essa carta estiver perto de cartas negativas, de modo especial se forem a maioria, em vez de atenuar essas cartas, como poderíamos ser tentados a fazer em uma leitura premonitória do tarô, infeliz e literalmente ela indica que o coração estará vulnerável à negatividade. Assim, como consequência, o consulente viverá momentos de sofrimento, mais do que se a carta O Coração não ocupasse essa posição.

De modo geral, em todas as tradições, a carta O Coração simboliza paz e harmonia, seja entre duas empresas em uma fusão, entre irmãos, pessoas romanticamente envolvidas ou como resultado de um processo judicial. Ela representa igualdade e satisfação.

25
O Anel

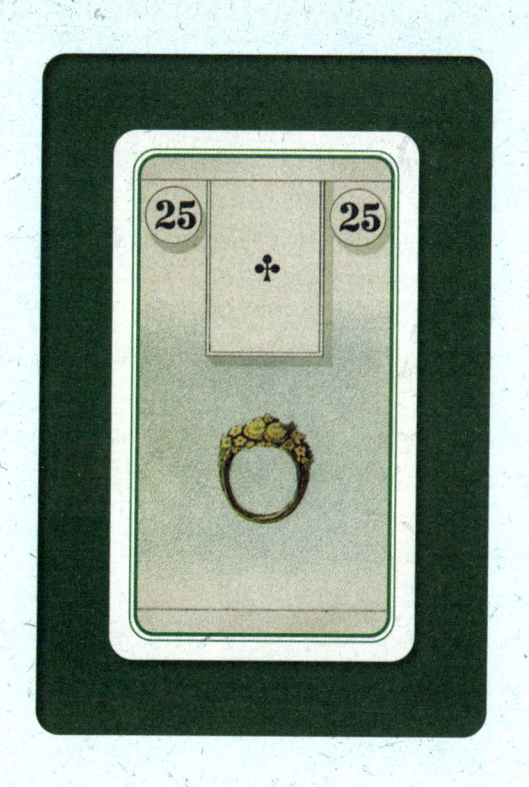

O Anel simboliza compromisso, promessa, criação de um vínculo. Está associado ao amor e casamento, a assuntos de trabalho, a contratos e negócios em geral. Como acontece com a carta O Coração, observamos o Anel e sua posição entre as cartas O Cavalheiro e A Dama para entender a natureza de um relacionamento em termos de compromisso. Com as cartas O Anel e O Coração atrás de A Dama, e O Cavalheiro próximo de A Serpente, a situação é de fácil compreensão. Se a carta do consulente, O Anel e A Torre estiverem próximas de O Urso ou A Raposa (se profissional autônomo), ele pode estar comprometido em excesso com seu trabalho. Naturalmente, o mesmo raciocínio se aplica à carta A Dama.

No entanto, essa carta pode também designar uma pessoa que acredita estar presa em uma situação, acredita que alguém em torno dela está lhe "passando a perna". A interpretação combina com a imagem tradicional do anel que expressa o compromisso do casamento ou noivado, mas, em uma visão negativa, pode ser visto como um hábito difícil de quebrar.

O consulente pode estar em uma situação da qual é difícil libertar-se, sendo, talvez, incapaz de livrar-se de um contrato assinado. Entretanto, se a pergunta for sobre a assinatura de um contrato comercial, essa carta, seguida pelas cartas A Âncora, O Trevo e O Urso, remete a um acordo com um negócio seguro, bem-sucedido (com sorte) e sólido.

Em um exemplo de como as cartas Lenormand podem ser interpretadas em uma leitura sobre saúde, para a cartomante alemã Iris Treppner a carta O Anel indica um vínculo familiar, talvez uma doença relacionada à família ou ao ambiente.

26

O Livro

O Livro é uma carta de sigilo e conhecimento. Se o livro do seu baralho estiver "aberto", é provável que dê mais destaque ao conhecimento e à revelação. Um livro "fechado" enfatiza mais a natureza oculta do conhecimento. Alguns leitores de cartas observam a direção em que o livro está "aberto" para interpretar o conhecimento que está sendo revelado. Por exemplo, se a lombada está à esquerda da imagem e a carta à direita é A Criança, tudo indica tratar-se de um segredo da infância ou de um segredo antigo prestes a ser revelado.

Essa carta se relaciona com o aprendizado e com o uso da imaginação para ir além do que sabemos. Um livro de ficção pode nos transportar para um mundo totalmente novo onde podemos experimentar a vida além dos nossos sonhos mais extravagantes. Um livro de não ficção pode ensinar habilidades que se estendem desde as mais comuns até as totalmente estranhas – da arte e técnicas da cestaria até o acesso aos segredos do universo. O livro representa poder e passagem para a liberdade; oferece conhecimento, e conhecimento leva à liberdade. Por isso, o livro é uma chave que nos abre e liberta, principalmente quando combinado, é óbvio, com a carta A Chave.

A influência do Livro na leitura das cartas pode ser um incentivo a aprender algo ou a informar-se mais. Um detalhe que você precisa saber – as cartas em torno de O Livro informam onde você pode obter o conhecimento: A Torre, por exemplo, indica uma escola ou instituição; A Raposa, alguém com aptidão natural no assunto de interesse.

O Livro perto das cartas Os Pássaros e O Cavaleiro informa que você deve ficar atento aos sinais (Pássaros) e à chegada de notícias (na forma do Cavaleiro) que o informarão a respeito de algo que deve ser do seu conhecimento.

27

A Carta

A Carta representa a palavra escrita. Assim, ela é uma carta literal de conexão, comunicação real, seja por e-mail ou outra forma escrita. Na tradição francesa, a lâmina A Carta significa convite, como para uma dança ou uma festa. Para uma pergunta sobre emprego, indicaria, pelo menos, uma resposta, com as cartas à sua volta mostrando a natureza dessa resposta – positiva com O Sol e A Lua, por exemplo, e uma sonora negativa com A Montanha e Os Caminhos.

    A Carta é uma lâmina que, literalmente, vincula a caneta ao papel, uma forma de comunicação e expressão que requer considerável cuidado e sensibilidade. Há algo de exótico, antiquado e quase precioso no ato de escrever uma carta. É um ato que evoca imagens de um passado em que o mundo era um lugar muito menor e com um ritmo mais lento. A carta era a única forma de manter amigos e parentes a par da sua vida.

    Essa carta expressa a importância da comunicação, de modo especial da comunicação escrita formal. Perto da carta O Anel, simboliza um contrato; ao lado das cartas Os Pássaros ou O Cavaleiro, pode indicar correspondência eletrônica.

    No aspecto negativo, essa carta influenciada pela carta A Raposa ou pela carta A Serpente pode significar dificuldades com cláusulas contratuais, principalmente se associada à carta Os Ratos.

28
O Cavalheiro

O Cavalheiro pode ser a carta Testemunha masculina (representando o consulente) ou a carta Testemunha da consulente feminina. Em um sentido mais amplo, ele é o irmão, o pai (combinado com O Urso) ou um amigo íntimo da consulente (combinado com O Cão).

Há leitores que utilizam as cartas da Corte do Tarô com as cartas Lenormand para representar pessoas e suas relações recíprocas. Abordamos esse assunto em nossos cursos, pois ele exigiria um livro por si só, dadas as combinações possíveis e as diferentes escolas de leitura de cartas.

Essa carta pode simbolizar também a vigorosa energia masculina, indicando, então, a necessidade de o consulente ser mais assertivo em uma situação, ou talvez menos, como no caso de um consulente que busca orientação sobre como agir em uma situação em que sente estar sendo ludibriado de alguma forma, o que o deixa irritado e tentado a confrontar o agressor. Se a carta O Cavalheiro está atrás de A Foice, ela pode significar que o consulente precisa controlar seu comportamento agressivo.

29

A Dama

A Dama pode ser a carta Testemunha feminina (representando a consulente) ou a carta Testemunha do consulente masculino. Em um sentido mais geral, é a irmã, a mãe ou uma amiga íntima do consulente (especialmente se em combinação com a carta O Cão). Combinada com A Criança, representa uma mulher mais jovem.

Assim como na carta O Cavalheiro, A Dama encontra mais detalhes nas cartas do seu entorno. Perto das cartas O Jardim e Os Pássaros, A Dama indica alguém que gosta de reuniões sociais e fofocas. Perto das cartas O Urso e A Torre, representa alguém com possíveis problemas com a autoridade, e assim por diante.

Em um nível mais abstrato, A Dama pode também simbolizar a energia feminina sustentadora em uma situação, uma energia que precisa ser aplicada para resolver um problema.

✦ 30 ✦
Os Lírios

Por seu simbolismo, consideramos Os Lírios uma das cartas mais peculiares do Lenormand, pois pode variar do sagrado ao profano. Ele pode representar pureza ou sexo, um espírito bondoso ou impetuosidade. Na verdade, ele é um substituto para todo o conjunto de virtudes.

A carta Os Lírios pode simbolizar fertilidade ou uma intenção pura e virtuosa. Para uma pergunta relacionada à integridade de alguém, a carta Os Lírios pode indicar "intenção virtuosa", quando seguida pela carta O Coração, que simboliza amor e união, ou "tudo ficará bem", se seguida pela carta O Trevo (sorte).

31

O Sol

O Sol é uma carta muito positiva nas leituras Lenormand, prevendo sucesso no trabalho, em especial depois de esforço (A Foice), luta (A Cruz), obstáculos (A Montanha) e problemas (Os Ratos). O Sol pode transformar radicalmente uma leitura em uma situação positiva quando aparece no fim de uma fileira de cartas. Ele brilha, dizendo que tudo irá valer a pena.

Assim, eis que o Sol aparece! O Sol dá vida e provê calor e bem-estar. Em uma leitura, simboliza crescimento em todos os níveis e exposição de uma face positiva para o mundo; ele promove confiança e força de vontade. A influência do Sol é sua capacidade de irradiar luz sobre uma situação. Ao lado da carta A Lua, indica equilíbrio perfeito. Com relação a uma pergunta sobre bem-estar emocional, a posição dessas cartas é excelente se estiverem ao lado da carta O Coração.

Ao lado da carta Os Peixes, O Sol e A Lua indicam bom equilíbrio com dinheiro, finanças e recursos. O Sol acima da carta O Jardim promove crescimento. Como indicativa de tempo, a carta O Sol equivale a um ano.

Em um contexto profissional, o Sol representa progresso e reconhecimento; acompanhado da carta A Lua, estaria prevendo um progresso reconhecido publicamente. O Sol corresponde a um afago na cabeça, enquanto A Lua equivale a uma salva de palmas.

32
A Lua

A Lua simboliza emoções e criatividade. Também pode representar a ideia de nos deixarmos levar por sonhos e fantasias. A Lua seguida pela carta Os Ratos pode indicar a presença de uma obsessão emocional que se tornou repetitiva (Os Ratos), como o constante roer das unhas – sintoma de algum estresse.

Somos muito influenciados pela Lua propriamente dita, desde o fluxo e refluxo dos ciclos das marés até os efeitos que produz sobre nossos estados físicos e emocionais. Quanto a uma consulta sobre um problema de relacionamento, a combinação das cartas O Coração + A Lua + As Nuvens pode indicar que o Coração está se encaminhando para uma mudança emocional (As Nuvens). Para o consulente, a sensação é de uma tempestade emocional se aproximando. Como carta indicativa de tempo, a Lua corresponde a um período de 28 dias ou cerca de um mês.

Essa é também uma carta que pede reconhecimento e apreciação. Como um estado muito reativo, sua consequência é manter a atenção constantemente voltada ao redor para descobrir o que os outros estão fazendo ou pensando. Dessa atitude podem decorrer preocupações relacionadas à incapacidade de exercer influência suficiente sobre os outros.

33

A Chave

A Chave denota oportunidade, abertura simbólica de uma situação, embora alguns também a interpretem como fechamento. Receber as cartas A Chave e O Coração, por exemplo, significa que alguém está, de fato, abrindo o coração do consulente, ao passo que O Livro e O Coração podem indicar alguém que se mantém afastado dele. Nesse caso, a pessoa é um "livro fechado" para ele, emocionalmente. As cartas A Chave e Os Caminhos, juntas, oferecem oportunidade e escolha.

A Chave é simbólica como ferramenta para abrir alguma coisa que está fechada para você. Nos tempos antigos, a chave era associada a certa posição de autoridade. A dona da casa recebia as chaves de todas as portas da casa, sendo responsável pela sua guarda. Nem uma leitura sobre mudança de casa e segurança, a carta A Chave seguida de A Casa e, então, de O Trevo indica que a abertura (A Chave) da nova propriedade (A Casa) será segura e feliz (O Trevo).

A Chave também pode simbolizar a abertura do conhecimento. Em uma leitura, ela pode confirmar alguma revelação e você poderá entender algo que sempre o intrigou; você terá um momento "heureca!". Para uma pergunta semelhante a "Conseguirei resolver meus problemas atuais e ter paz de espírito?", o consulente pode entender essa carta como uma resposta positiva; o "dilema" o Caminho aberto pela Chave, seguida pela Estrela, indicaria que a situação começa a se esclarecer.

34

Os Peixes

A carta Os Peixes simboliza dinheiro e boa sorte. É um símbolo literal de recursos que podem ser aplicados em abundância para "alimentar as multidões", conforme refere a parábola bíblica. Às vezes, em uma leitura, ela pode representar o tempo como recurso ou algum outro capital. Por exemplo, combinada com a carta

A Lua, em uma situação comercial, representaria boa vontade ou reconhecimento da capacidade como recurso.

Os Peixes anunciam mudança da maré, trazendo a realização de projetos, de modo particular os relacionados com resultados materiais. Em uma leitura sobre emoções e relacionamentos, podem indicar a natureza quase divertida do relacionamento (ou da pessoa cuja carta eles afetam), buscando alegria na vida por estar com um parceiro.

Em uma interpretação mais psicológica, os peixes nadam nas profundezas do inconsciente, e assim representam desejos ocultos, sentimentos e processos mais profundos. Em uma Mesa Real (*Grand Tableau*), onde as cartas acima da carta Testemunha mostram o que está além do seu controle, a carta Os Peixes nessa posição indicaria que a pessoa é movida por necessidades ainda em boa parte desconhecidas. Abaixo da carta Testemunha, talvez indique uma pessoa em contato com suas emoções e processos mais profundos.

A uma pergunta do consulente sobre o provável sucesso de uma viagem de negócios, a carta O Navio assinalaria viagem e especulação, O Chicote significaria "prestação de serviço" e Os Peixes, "recursos, dinheiro e boa sorte". Considerando o todo, essas cartas indicariam uma viagem de negócios bem-sucedida.

35
A ÂNCORA

A Âncora é o principal símbolo do *Jogo da Esperança*; ela é *a* carta da esperança. No jogo, o objetivo era chegar, "ancorar" nela, e não a ultrapassar, o que significaria cair na Cruz.

Na tradição alemã, essa carta simboliza o trabalho no sentido da carreira vocacional – a âncora da vida, algo que dá estabilidade em meio à tempestade, mas também pode mantê-lo em um mesmo lugar. Assim, como todas as cartas do Lenormand, ela é modificada pelas cartas ao seu lado e ao seu redor. Em uma leitura, a carta A Âncora representa um ponto fixo, enquanto a Os Caminhos remete à liberdade de escolha. Quando essas duas cartas estão em relação mútua, a carta Testemunha do consulente diz muito sobre sua capacidade de fazer escolhas na situação atual. As cartas em torno da Âncora e dos Caminhos também podem dizer o que influencia suas decisões.

Em uma interpretação literal, essa carta pode ser o significador da carreira e do emprego escolhido, seja por meio do trabalho para uma empresa (A Torre ou O Urso) ou para si mesmo (A Raposa).

A Âncora é uma influência estabilizadora que leva em consideração as condições em jogo. Ela pede cautela, especialmente se a carta O Navio, a incerteza e mudança da carta As Nuvens estiverem por perto. Pode ser o momento para reavaliar a situação que o preocupa antes de se aventurar em águas desconhecidas! Seguida pela carta O Sol, essa combinação poderia indicar um período de espera de até um ano, mas também poderia implicar crescimento positivo com a presença do Sol quando chegar a hora certa.

36
A Cruz

No contexto cristão do *Jogo da Esperança* original, escrita nas regras do jogo está a interpretação da Cruz como sofrimento e adversidade. É mais a cruz da lápide do que a cruz do sacrifício. Mais do que a primeira conceituação mais positiva como fé, ela simboliza o fim sem redenção. Então, lemos a carta A Cruz como luta, talvez pedindo-nos para manter a fé no advento de tempos difíceis. Trata-se de chegar ao cerne da questão, sendo também uma carta de restrição, prendendo-nos a um lugar, pessoa ou situação. Quando combinada com a carta A Âncora, pode denotar um fardo de longo prazo.

A Cruz representa o problema que nos sobrecarrega e oprime. Pode ser algo em nossa mente, algo que precisamos resolver. É também uma carta que – como as Estações da Via-Sacra – indica toda uma série de obstáculos, um após o outro; mais ainda do que a Montanha, que é um único grande obstáculo e nos leva a procurar um desvio. Em combinação com a carta Os Ratos, A Cruz é um conjunto de pequenos contratempos que causam problemas cumulativos.

Quando relacionadas, a carta Os Caminhos também é importante para o significado dessa carta, especialmente quando se leva em consideração a aparência em forma de cruz da placa de sinalização em algumas ilustrações da carta Os Caminhos, de modo particular no *Lenormand Original*. Essa carta abranda um pouco A Cruz, dando certa opção de movimento. Se A Cruz indica fidelidade à fé em meio a dificuldades, a carta Os Caminhos mantém o indivíduo fiel ao seu itinerário.

Cartas Negativas, Neutras e Positivas

As cartas do Lenormand têm conotações positivas ou negativas precisas (favoráveis ou desfavoráveis). No Lenormand Original, não há níveis de linguagem do tipo "isto não é um problema, é uma oportunidade". A cobra é uma criatura perniciosa e venenosa, um rato irá roer você dentro e fora de casa. Veja as cartas classificadas nesses grupos:

- **Cartas Neutras:** 1, 17, 19, 22, 25, 27, 28, 29
- **Cartas Positivas**: 2, 3, 4, 9, 13, 16, 18, 20, 24, 30, 31, 32, 33, 34, 35
- **Cartas Negativas:** 5, 6, 7, 8, 10, 11, 12, 14, 15 (em algumas tradições, essa carta é muito negativa), 21, 23, 26 (em geral), 36

Embora o contexto geral das cartas possa moderar até certo ponto essas associações para que se mantenham próximas do significado original, como veremos no próximo capítulo, elas devem ser tratadas como definitivamente benéficas, maléficas e indiferentes. Esses conjuntos podem ser adotados para indicar se uma única carta ou uma tiragem de algumas cartas apresenta, de modo geral, um resultado positivo ou negativo para uma leitura da sorte.

Na sequência, apresentaremos essas cartas em diversos contextos, quando, então, elas começarão a se expressar de modo efetivo.

DOIS

Leitura das Cartas em um Contexto

As cartas Lenormand se assemelham a letras de um alfabeto que nos possibilitam formar palavras e frases com significado. É importante conhecer as cartas como um idioma em si mesmo. Neste capítulo, examinaremos a gramática básica da linguagem Lenormand para entender como uma carta é modificada pelas cartas próximas e por sua localização em uma tiragem. Essa perspectiva da leitura em contexto e em combinação pode ter-se inspirado na leitura de folhas de chá ou de borra de café, e essa, por sua vez, em significados muito mais antigos atribuídos a objetos com fins divinatórios, inclusive a interpretação de sonhos e manifestações oraculares.

Alguns desses exercícios e métodos de leitura não são adotados por todos os leitores de cartas, por isso você deve fazer experiências com o maior número possível deles para identificar os que lhe são realmente mais eficientes para conhecer os significados das cartas.

Talvez descubra que possui uma habilidade ou entendimento específico em uma dessas áreas, assim como teria no aprendizado de uma língua estrangeira.

Ordem de Leitura

Três são os métodos de leitura das cartas Lenormand ao distribuí-las em uma fileira de duas ou mais cartas. São eles:

- Misturado/Mesclado
- Linear/Da Esquerda para a Direita
- Influenciado pela Seguinte/Da Direita para a Esquerda

Tomando um exemplo simples de duas cartas, O Trevo e Os Peixes, vemos como essas ordens funcionam na prática. O mais importante é escolher o método que lhe apresenta melhores resultados em diferentes circunstâncias.

Figura 1 – O Trevo e os Peixes

 Misturando essas duas cartas, produzimos um peixe afortunado, talvez um talismã de boa sorte. Há um evento de sorte de alguma espécie com relação a nossas finanças e recursos, nosso bem-estar material geral.

  No entanto, lendo essas cartas em uma sequência linear da esquerda para a direita, como um roteiro, diríamos: "Primeiro O Trevo, depois Os Peixes". Essa disposição sugere que teremos algum evento de sorte que trará mais benefícios materiais, bons recursos ou trabalho. O evento de sorte em si – o trevo – pode não ter nenhuma relação direta com o que segue; pode, inclusive, ser algo como um casamento, que traz recompensa financeira à sua maneira!

Por sua vez, lendo da direita para a esquerda, consideramos que a primeira carta é o objeto (em geral é, pois é a carta mais próxima da carta Testemunha, ou é o próprio significador, nas linhas de leitura em uma Mesa Real – *Grand Tableau*) e cada uma das cartas seguintes exerce um efeito retrocedente sobre as cartas que as precedem.

No caso simples das cartas O Trevo e Os Peixes, o evento de sorte é o objeto, e Os Peixes (recursos) se aplicam a ele. Esse contexto pode indicar com mais precisão que a natureza do evento de sorte tem relação com os recursos – um bilhete de loteria premiado, o achado de uma carteira perdida que pode trazer recompensa, e assim por diante.

Quando esse método é aplicado a sequências mais longas, cada carta modifica a carta anterior a ela, de modo que a carta mais influente em uma fileira é a última; ela, de fato, revela o resultado mais provável e o fator decisivo geral. Uma longa sequência de cartas em sua maioria negativas, mas terminando com A Estrela, pode indicar que nossas esperanças finalmente se concretizarão pelo esforço. Por outro lado, uma sequência de cartas em sua maioria positivas, mas terminando com A Montanha, sugere que enfrentaremos obstáculos ao longo da situação em andamento, com pouco resultado – apenas mais uma dificuldade.

Cartas Negativas e Positivas

Embora todas as cartas no Lenormand sejam influenciadas por sua posição e contexto, diferentemente do tarô, em que a maioria das cartas recebe um aspecto positivo (por exemplo, A Torre não é apenas um transtorno; ela também abre a paisagem para novos horizontes), algumas cartas no Lenormand são quase sempre negativas, como A Serpente.

Outras cartas podem ser consideradas mais neutras, como a carta As Nuvens, que é influenciada pela carta oposta. Essas cartas também mostram falta de clareza ou confusão, o que não é bom nem ruim, embora dependa novamente das cartas circundantes.

Exercício: Perto e Longe

Primeiro, jogaremos o jogo "perto e longe" ou "quente e frio". Essa prática fará sentido ao abordarmos o método da Mesa Real (*Grand Tableau*), mais adiante, e criarmos um bom hábito de leitura do Lenormand, em que combinação e contexto são muito importantes para a interpretação.

Trata-se de um jogo simples baseado na gramática japonesa, em que a distância de um objeto altera a própria palavra que empregamos para falar sobre ele. Acreditamos que esse seja um aspecto específico do idioma japonês, sendo muito útil para aprender a linguagem do Lenormand.

Imagine um urso. Você o observa em uma tela ou a uma distância razoável, separado por algum obstáculo. O que lhe vem à mente? Os movimentos do urso, talvez o jeito como ele se move lentamente? Anote na tabela a seguir, na coluna "Longe", as palavras que lhe ocorrerem, "movendo-se lentamente" ou "passeando calmamente".

Depois imagine o urso na sala com você, ou muito perto! O que lhe vem à mente? Além de "corra!"? Talvez "força", "poder" ou "medo". Escreva essas palavras na coluna "Perto".

Em seguida, você pode repetir o exercício com a seguinte seleção de cartas-objeto:

OBJETO	LONGE	PERTO
O URSO	Movimento lento, passeando	Rugido, força, medo
A ÁRVORE		
A LUA		
O JARDIM		
A MONTANHA		
O CORAÇÃO		
O CAVALHEIRO		

Se você está registrando suas descobertas das cartas Lenormand em um diário, anote suas impressões sobre todas as cartas para chegar à sua própria interpretação dos objetos mais próximos e mais distantes de você. Também pode ser esclarecedor repassar suas palavras-chave e as demais possibilidades e inseri-las na tabela longe/perto para examinar como, por exemplo, a carta Os Ratos (escolhendo uma palavra-chave como "transtorno") agiria perto e longe de você. Depois de adquirir certa experiência, você pode fazer o "exercício perto/longe" com combinações, para uma pergunta sobre um trabalho de vendas, por exemplo. As cartas Os Ratos e O Buquê, perto de você, poderiam significar incerteza, caso as cartas estivessem bem próximas (Os Ratos causando preocupação, O Buquê, nesse caso, autoestima), ou alguém lhe dando pistas falsas, se as duas cartas estivessem distantes (um aparente presente como flores, mas que, na verdade, corrói suas bases, Os Ratos).

Apresentamos a seguir o significado relativo das cartas, dependendo da posição que ocupam no que denominamos *Grand Tableau* (Mesa Real). A palavra *tableau* significa "tabela", "quadro", "cenário", sendo, assim, uma bela palavra para a disposição da nossa tiragem.

Figura 2 – O Grand Tableau – Mesa Real.

Figura 3 – *Grand Tableau* – Mesa Real 9 x 4.

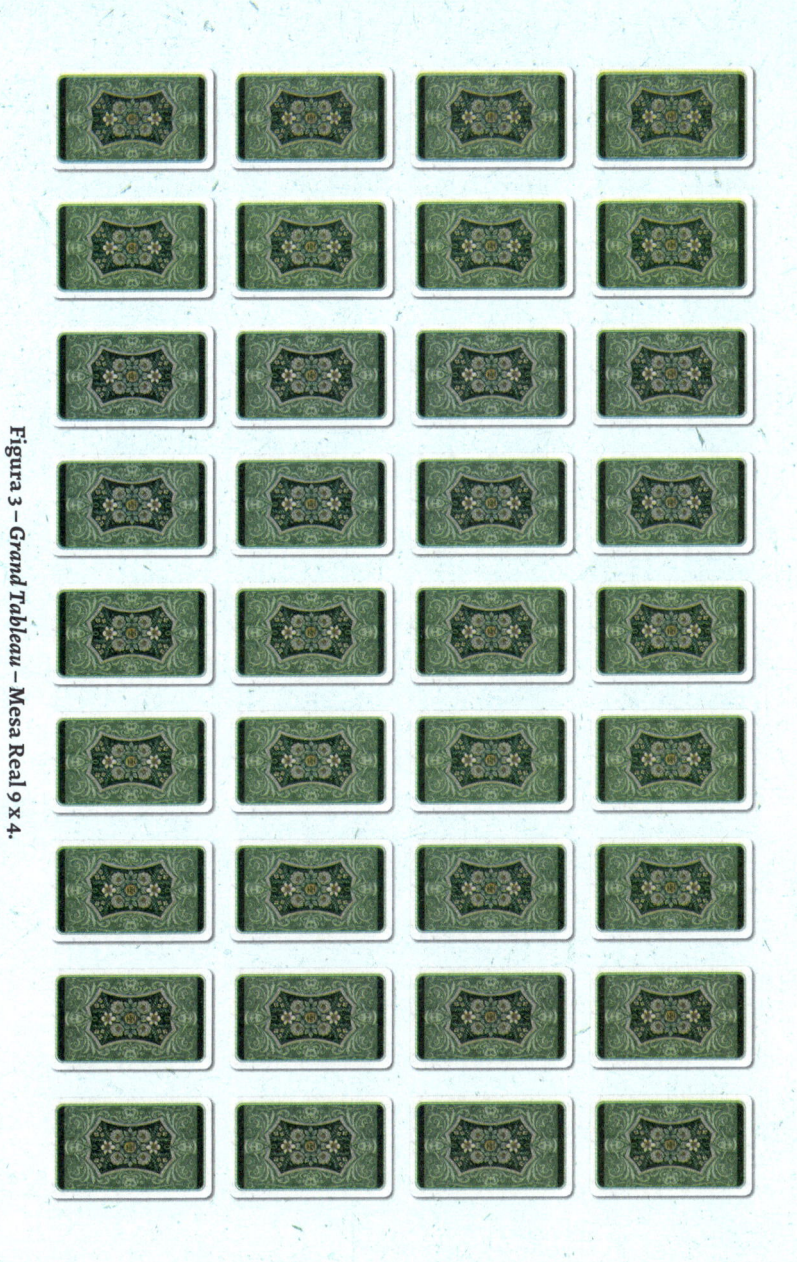

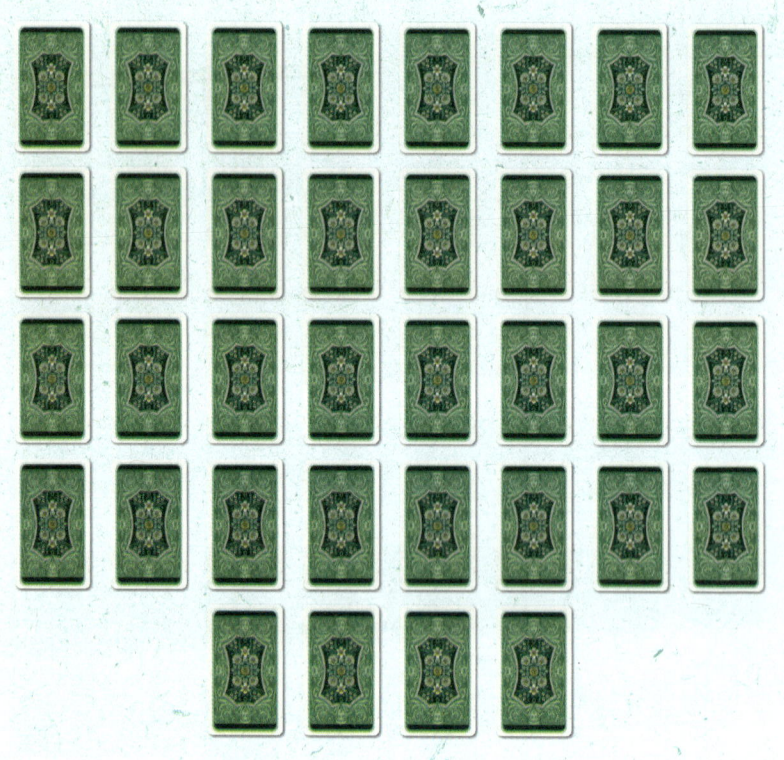

Figura 4 – *Grand Tableau* – Mesa Real 8 x 4 + 4.

Cherchez la Femme

A frase clichê *cherchez la femme* ("procure a mulher"), aparece pela primeira vez em um romance de Alexandre Dumas, ambientado em Paris, em que um detetive usa a frase com frequência, pois a chave para qualquer investigação é quase sempre uma mulher! Assim, é apropriado começarmos a investigar nossos cenários e relacionamentos, jogando um pouco de "procure a mulher". No Lenormand, o consulente é representado por uma de duas cartas, O Cavalheiro ou A Dama, conforme o sexo. Veremos mais adiante como podemos "programar" as cartas e perguntar ao Lenormand a respeito de um objetivo, situação ou problema específicos, usando cartas-chave, como a carta O Urso para questões de saúde, por exemplo. Por ora, começaremos com as cartas O Cavalheiro e A Dama.

Na maioria dos baralhos, essas cartas "olham" em direções específicas, de modo que, para começar, podemos observar como "olham para a frente" ou "deixam para trás" outras cartas. Não é uma maravilha?

Uma maneira de ler é supor que tudo o que está à esquerda da carta Testemunha do consulente (O Cavalheiro ou A Dama) é o passado, e o que está à direita é o futuro.

Figura 5 – Definindo o Passado e o Futuro.

FUTURO

100 BARALHO LENORMAND SEM MISTÉRIOS

Leitura das Cartas em Qualquer Contexto

De modo geral, as perguntas sempre estarão voltadas para uma área específica: relacionamento, carreira, finanças, saúde, viagens, estilo de vida e, às vezes, educação e questões legais. Nesta seção, veremos como interpretar duas cartas selecionadas para cada uma dessas áreas, sozinhas ou em combinação com outras cartas em sequência.

O Cavaleiro no Contexto do Trabalho

A carta O Cavaleiro simboliza comunicação de uma maneira ou de outra, seja a entrega de notícias pelo carteiro ou comunicações verbais em conversas no dia a dia. Inclui-se aqui as fofocas, quando somos lembrados do velho ditado "não mate o mensageiro".

Essa carta é a efetiva transmissão de informações por meio de várias redes. Ela é também a chamada telefônica que você recebe, o e-mail ou a mensagem de texto. Hoje, as notícias boas ou ruins são dadas com maior rapidez do que no tempo do mensageiro a cavalo.

O aparecimento dessa carta no contexto do trabalho enfatiza as comunicações efetivas, assegurando que o destinatário da mensagem a receba com clareza. Essa pessoa pode ser o seu colega do escritório que nunca ouve o que você diz. Assim, a carta O Cavaleiro ressalta a importância de expressar suas ideias com clareza.

Sem dúvida, o significado da carta muda com a influência que recebe das cartas próximas. A carta O Cavaleiro com O Chicote pode significar "notícias preocupantes", que podem envolver um comunicado sobre horas extras que não serão remuneradas ou uma forma de servidão; talvez você pressinta que alguém está se aproveitando de você no trabalho. A carta O Chicote pode denotar problemas e conflitos em sua vida.

Sequência Invertida
- O Chicote + O Cavaleiro pode indicar "problemas para dar notícias". Também pode implicar problemas para transmitir algo, causando conflitos em um ambiente de trabalho.

Cavaleiro no Contexto das Finanças
- O Cavaleiro + O Chicote + Os Peixes = Notícias preocupantes em relação ao dinheiro.

Sequência Invertida
- Os Peixes + O Chicote + O Cavaleiro = Notícias de problemas com dinheiro.

Cavaleiro no Contexto da Saúde
- O Cavaleiro + O Chicote + O Caixão = Notícias preocupantes envolvendo doenças.

Sequência Invertida
- O Caixão + O Chicote + O Cavaleiro = Doença que é notícia preocupante a caminho.

Cavaleiro no Contexto dos Relacionamentos
- O Cavaleiro + A Árvore = Notícias da família.

Sequência Invertida
- A Árvore + O Cavaleiro = Notícias da família chegando.

- O Cavaleiro + O Coração + O Cavalheiro ou A Dama + O Trevo = Notícias amorosas do Cavalheiro ou da Dama trarão sorte (bem-estar).

Sequência Invertida
- O Trevo + A Dama ou O Cavalheiro + O Coração + O Cavaleiro = Sorte (bem-estar) ao encontrar A Dama ou O Cavalheiro por amor e possível casamento, com o enlace organizado por uma agência matrimonial.

- O Cavaleiro + O Chicote + O Coração + Os Ratos = Fofocas (notícias) trazem brigas, consumindo você.

Sequência Invertida
- Os Ratos + O Coração + O Chicote + O Cavaleiro = Sensação angustiante de que fofocas causarão conflitos no futuro (notícias).

Cavaleiro no Contexto de Viagens e Estilo de Vida
- O Cavaleiro + O Navio = Carteiro entrega passagens de viagem.

Sequência Invertida
- O Navio + O Cavaleiro = Passagens de viagem de férias a caminho.

Raposa no Contexto do Trabalho

Como mencionado anteriormente, a carta A Raposa é o (um tanto oportunista) estrategista do baralho Lenormand. Lembre-se, no entanto, de que essa carta não é de todo ruim: se você reunir a carta A Raposa com a de O Trevo, por exemplo, ela pode indicar que você terá ideias inovadoras que resultarão em sorte. Como na maioria das tiragens, não há "bom" ou "ruim"; tudo depende do modo como fazemos a leitura.

- A Raposa + O Jardim = Comportamento sagaz esperado em um evento social.

Sequência Invertida
- O Jardim + A Raposa = Um evento social inovador.

Três Cartas com a Raposa

- A Raposa + O Jardim + A Torre = Comportamento ardiloso durante um evento social – cuide-se.

Sequência Invertida
- A Torre + O Jardim + A Raposa = Atenção durante um evento social – comportamento ardiloso, truques insidiosos.

A essa sequência acrescentamos abaixo a carta O Trevo, o que altera o significado, dando uma conotação mais positiva à interpretação. No Lenormand não há mal que não venha para o bem, motivo pelo qual é tão importante ler as cartas em combinação. Do contrário, é como rasgar a última página de um romance sem ter lido o final da história.

Quatro Cartas com a Raposa
- A Raposa + O Jardim + A Torre + O Trevo = Durante o evento social, pode ser vantajoso ficar atento a comportamentos ardilosos, truques insidiosos.

Depois de conhecer essas sequências e combinações, bem como a disposição geral da Mesa Real – *Grand Tableau* (GT), passamos agora ao próprio GT. Talvez você ache que *precisa* de um gim-tônica, um calmante, para lidar com ele, mas já estamos razoavelmente preparados!

TRÊS

O Grand Tableau – Mesa Real

Apresentaremos agora o *Grand Tableau*, também conhecido como *Mesa Real*. Talvez você se surpreenda ao descobrir que já sabe ler o *Grand Tableau* aplicando as técnicas apresentadas nos capítulos anteriores. Embora seja necessário praticar, você já dispõe do essencial; por isso, mãos à obra!

O Grand Tableau

As formas de leitura das cartas Lenormand são inúmeras; não obstante, à diferença do tarô, essas leituras quase nunca dependem de um significado posicional fixo. Ou seja, não existem (ainda) livros inteiros de disposições em que, por exemplo, a carta na posição 3 indica as esperanças do consulente ou a carta na posição 9 representa a visão que os outros têm desse consulente.

As cartas Lenormand são, em geral, lidas em linhas (Lenormand linear), em curvas (tiragem Ferradura), em círculos ou em um quadro, geralmente dispostas em um bloco. Vamos começar pela base e observar o quadro; essa é a melhor maneira de conhecer as cartas em relação às suas posições relativas.

Assim, surpreendamo-nos neste começo, vendo o que seremos capazes de ler ao terminar. Respire fundo e...

Embora o quadro possa intimidá-lo um pouco – as 36 cartas dispostas sem um significado posicional para a leitura –, isso acontece porque quase todos nós somos leitores de tarôs (acostumados à leitura posicional) ou, então, somos principiantes em cartomancia.

Antes de prosseguir e aprender algumas práticas para desenvolver nossas habilidades e, em seguida, aplicá-las a esse método, algumas palavras sobre o *Tableau*.

Há várias maneiras de dispor as cartas. As duas mais usadas são as tiragens 9 x 4 (nove colunas em quatro linhas) ou 8 x 4 + 4 (oito colunas em quatro linhas com uma quarta linha de quatro cartas abaixo). Para essa lição adotaremos a tiragem 9 x 4, pois no momento estamos interessados apenas em posições relativas; voltaremos ao segundo método mais tarde. Esperamos que você tenha feito o exercício "perto e longe" quando foi sugerido, uma vez que agora ele será de grande ajuda.

Vejamos então, agora, o *Grand Tableau*. Você pode se surpreender ao descobrir que já sabe ler as cartas usando as habilidades que abordamos em capítulos anteriores. Embora seja necessário praticar, você já tem o essencial em mente, então vamos pôr em prática.

Disposições mais Simples Conduzindo ao Grand Tableau

Vimos que o *Grand Tableau* pode ser disposto em pelo menos duas ou três maneiras diferentes, por isso continuaremos simplificando as coisas com a tiragem 9 x 4. Entretanto, antes de começar, examinaremos algumas disposições mais simples, como a tiragem de três cartas 3 x 1.

Também precisamos apresentar o conceito de "cartas-chave" – ou seja, cartas que operam como pontos de uma bússola, pontos de foco que orientam nossa navegação e mostram onde estamos. Essas cartas se assemelham ao significador em uma tiragem de tarô, mas diferem o bastante para necessitar de uma explicação.

Uma carta-chave é tirada de modo intencional do baralho para ser associada à pergunta feita. De modo geral, essa carta é O Cavalheiro para um consulente e A Dama para uma consulente. É uma carta pessoal. Em casos específicos, a carta é escolhida de acordo com as correspondências e as palavras-chave, o tema. Veja algumas cartas.

Cartas-Chave

Relacionamento	O Coração
Saúde	O Urso
Vida espiritual	O Caixão (às vezes, usada para problemas de saúde imediatos)
Carreira	A Raposa
Lar/Vida Doméstica	A Casa
Educação/Estudos	O Livro
Contratos	O Anel
Mudança/Viagem	O Navio

A carta apropriada é retirada do baralho e "programada" (no trabalho com runas, diríamos "ritual de carregamento") por meio da concentração na carta. Várias outras ações podem ser executadas para programar a carta, mas não são abordadas aqui. Um momento de concentração é suficiente.

A carta é então devolvida ao baralho, de modo que sabemos o que procuramos ao distribuí-la com as demais cartas em qualquer forma de tiragem. Imagine essa carta como um farol que, com seu brilho intenso, ilumina as cartas mais próximas (talvez não abrangendo as mais imediatas) e com menos intensidade clareia as mais afastadas.

Em uma disposição rápida de três cartas, apenas embaralhamos as cartas e repassamos o baralho com a face para cima até encontrar a carta-chave. Retiramos a carta acima e abaixo dela e as colocamos lado a lado para a leitura.

Você pode dar o baralho ao consulente para que ele embaralhe as cartas ou, então, você mesmo pode embaralhá-las e pedir ao consulente que corte o baralho em três montes (com a mão esquerda) e, em seguida, volte a juntá-las e a formar o baralho completo.

Leitura de Três Cartas (Carreira)

Imaginemos que nosso consulente pergunte sobre sua carreira. Vamos adotar uma tiragem de três cartas. Escolhemos a carta-chave **A Raposa**; em seguida embaralhamos as cartas (ou deixamos o consulente embaralhá-las) e as cortamos em três montes. Na recomposição e redistribuição do baralho, repassamos com cuidado as cartas viradas para cima até localizar a carta A Raposa.

Posicionamos a carta imediatamente acima dela, depois a própria carta A Raposa, e logo em seguida a carta imediatamente abaixo dela. Você pode retirar duas cartas acima e abaixo para uma tiragem de cinco cartas; três acima e abaixo para uma tiragem de sete cartas, e assim por diante.

Figura 6 – Tiragem de Três Cartas para a Carreira.

Neste exemplo, a lâmina A Carta está à esquerda e A Criança à direita de A Raposa. Com as nossas palavras-chave básicas, vemos essa configuração como "um sentimento inocente". Como um sentimento é uma combinação de crenças e emoções, lemos o conjunto como algo totalmente isento de malícia com relação à carreira (indicado pela criança). A menos que o consulente esteja à procura de um emprego em creche ou em áreas afins (por exemplo, entretenimento), esse não é um bom presságio para a procura de emprego.

Podemos ler a lâmina A Carta literalmente, com o significado de que a pessoa receberá uma oferta, mas é desaconselhável aceitar isso sem uma boa avaliação, pois, do contrário, a pessoa será "engolida". (A raposa capturou o pássaro na imagem central.) Isso é um aviso.

Leitura de Nove Cartas (Romance)

Nesta próxima leitura, examinamos uma carta-chave para relacionamentos, a carta O Coração. Embora quase sempre observemos de modo especial a localização e as relações entre as cartas O Cavalheiro e A Dama para assuntos amorosos, também podemos trabalhar com a carta O Coração para interpretar o estado emocional do consulente em dada situação.

Nesta tiragem de nove cartas, para fins de aprendizagem, posicionamos O Coração no centro das cartas – essa disposição fará sentido mais adiante nesta lição. Por enquanto, apenas nos acompanhe por alguns momentos e examine essa disposição.

Observe essas cartas em suas relações mútuas. Um aspecto que nos impressiona de imediato é que, pesando sobre o estado emocional do Coração (lendo da direita para a esquerda), estão as três cartas de cima: juntas, elas revelam "uma proposta de fidedignidade". A maior expectativa do consulente nesse relacionamento é receber uma declaração de confiança que se prolongue por muito tempo. Observando as três cartas abaixo, vemos que chegaram a um impasse sobre autoestima (A Âncora + O Buquê + O Caixão), com a carta O Caixão indicando duplamente uma mudança recente de estado (talvez um divórcio ou outro rompimento) e também sua autoaceitação e imagem. Com a carta O Buquê, a "autoestima" se transforma em um estado de autoimagem e merecimento, em vez de apreço a outra pessoa.

Esperamos que você entenda como devemos, primeiro, ler as cartas **juntas** em blocos, conjuntos, composições, alegorias, cenários, cenas e quadros, o que torna a leitura muito mais fácil.

Agora, o que dizer das cartas **Os Caminhos** e **A Cegonha** de um lado e **O Coração**, de outro? Há algo promissor na vida afetiva do consulente?

Figura 7 – Tiragem de Nove Cartas para o Coração
(Emocional, Vida Afetiva).

Leitura de Nove Cartas (Viagem)

Vamos a mais uma leitura de nove cartas, desta vez para uma pergunta sobre viagens. Um consulente veio perguntar sobre suas perspectivas de viagem: deveria viajar ou ficar em casa?

Viagens têm relação com a carta O Navio, por isso, depois de tirar e programar essa carta, a colocamos sobre a mesa e embaralhamos as demais. Em seguida, cortamos e tiramos oito cartas, distribuindo-as em torno da carta O Navio. Como alternativa, podemos embaralhar, localizar a carta O Navio, colocá-la sobre a mesa e dispor ao redor dela as oito cartas seguintes do baralho. No final desta lição você aprenderá outro método, mas por ora examinemos a próxima disposição.

Esclareçamos que nosso consulente neste caso é um jovem, e assim logo vemos que a carta O Cavalheiro com As Nuvens à frente dela mostra mudança e transição. Embora ele provavelmente busque estabilidade (A Árvore) no outro lado dessa mudança rápida, de qualquer modo será obrigado a viajar, pois a carta O Navio está acima dele.

Que tal usarmos nossas opções de palavras-chave para ver o que a carta A Serpente pode significar nessa posição?

Vejamos A Serpente + O Navio + As Nuvens, pois elas cercam a carta O Cavalheiro. Isso pode nos mostrar:

- Furtividade + Aventura + Transição
- Furtividade + Aventura = Observação
- Aventura + Transição = Exploração
- Furtividade + Transição = Camuflagem

Podemos reduzir nossas opções a uma palavra: Observação + Exploração + Camuflagem = Safári. Por certo, parece que as cartas sugerem uma viagem de aventura radical em que o consulente terá de se preparar para o clima ou a cultura.

Agora, faça o mesmo exercício com as cartas A Foice, O Sol e O Cavaleiro no canto superior direito. Elas estão mais distantes da carta O Cavalheiro, mas até certo ponto influenciam suas atividades com relação à viagem, estando no lado sombrio dele (O Navio).

Figura 8 – Tiragem de Nove Cartas para O Navio (Viagem).

TRÊS – O *GRAND TABLEAU* – MESA REAL

Leitura de Nove Cartas (Estudos)

Tomemos o que aprendemos e praticamos nessas tiragens de nove cartas e apliquemos esse conteúdo a uma consulente que nos procurou com uma pergunta sobre estudos. Ela pensa em deixar o emprego atual, mas está insegura quanto a uma nova carreira e reaprendizado, se deve investir, dedicar-se em período integral ou parcial, ou continuar suas atividades do momento. Embora a questão esteja relacionada à carreira, trata-se mais de estudos e aprimoramento de habilidades, por isso programamos a carta O Livro.

Neste caso, imaginamos primeiro uma cruz de linhas verticais e horizontais, efetuando uma leitura para verificar o que influencia diretamente a perspectiva da consulente sobre estudo. Depois, examinaremos as cartas diagonais para encontrar possíveis direcionamentos.

Abordaremos esse tema mais adiante, no capítulo sobre diagonais, mas, por enquanto, valemo-nos dele como forma de aplicar nossa técnica em dois exemplos diferentes.

Assim, podemos ler aqui as cartas A Cegonha e A Torre em ambos os lados da O Livro, indicando uma "concessão de perspectivas" – quase como receber um plano claro do futuro. Essa leitura mostra que a consulente já possui todas as informações de que precisa para tomar a decisão, como uma visão geral, um esboço sobre a vida.

No topo e na base, respectivamente, as lâminas A Carta e Os Lírios mostram um "convite claro", uma oferta que será exatamente do que a consulente necessita.

O que fizemos até aqui foi tão somente reunir nossas palavras-chave essenciais do capítulo anterior; agora podemos nos dedicar à interpretação, talvez juntando essas frases para ler "você receberá uma proposta que atenderá à sua perspectiva de estudo, sendo aconselhada aqui a se comprometer com ela de modo absolutamente claro, separando-a de todas as outras preocupações. Essa proposta deve ser sua, por você e ser aceita para sua própria autoestima, não para os outros".

Esclareçamos essa ideia com as diagonais.

A Raposa e **O Caixão** dão a impressão de ser as imagens mais "negativas" aqui, mas anulam essa sensação quando tomadas em conjunto; a astúcia da **Raposa** com o **Livro** mostra aprendizado rápido com bons resultados e o **Caixão** revela uma transição ou um novo estado de coisas que surgirá a partir dos novos rumos de aprendizagem, estudos. Novamente, a sugestão é que a consulente deixe o emprego atual e abra espaço apenas para seu projeto.

Da mesma forma, as cartas O Anel e A Dama evidenciam que a proposta será prazerosa e emocionalmente satisfatória.

Figura 9 – Tiragem de Nove Cartas para O Livro (Estudos).

Figura 10 – Tiragem de Cartas em Cruz para O Livro.

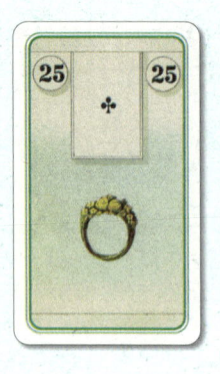

Figura 11 – Tiragem de Cartas em Diagonal para O Livro.

Na sequência, vamos examinar outras tiragens de 3 x 3 para dois temas sempre presentes: saúde e espiritualidade.

Nesses dois casos, oferecemos algumas indicações e pedimos que você analise as leituras, aplique suas técnicas e pratique a interpretação das disposições.

Leitura de Nove Cartas (Saúde)

Exercício: Leitura de O Urso

- De acordo com essa disposição, o que será bom para a saúde da consulente?
- O que tende a levar a consulente a práticas que prejudicam sua saúde?
- Qual é a importância das cartas Os Ratos + Os Pássaros + A Foice?
- Observe as imagens das cartas O Urso + O Chicote. O que esse conjunto diz sobre força de vontade?

Exercício: Leitura de O Caixão

- O que flores de todas as variedades podem significar para a vida espiritual?
- Qual é a diferença entre uma casa e um jardim? O que isso poderia significar?
- Compare as duas colunas, esquerda e direita. O que elas podem sugerir?

Figura 12 – Tiragem de Nove Cartas para O Urso (Saúde).

Figura 13 – Tiragem de Nove Cartas para O Caixão (Vida Espiritual).

O Grand Tableau

Vimos como podemos extrair inúmeros significados das tiragens 3 x 3, e talvez você esteja se perguntando quando aprenderá a trabalhar com o incrível *Grand Tableau* 9 x 4 de 36 cartas. Bem, reservamos-lhe uma grande surpresa – você já aprendeu o *Grand Tableau* (GT)! Pura verdade!

Comprove essa afirmação dando mais uma olhada em todas as tiragens 3 x 3 que esteve analisando e depois observe o *Grand Tableau* completo a seguir.

Certo! Todas as leituras que você fez neste capítulo – seja a de três cartas para a carreira do consulente, de nove cartas para fins espirituais ou de saúde, para preocupações com uma viagem ou com um romance – *fazem parte do mesmo e único Grand Tableau*. Este é o grande objetivo do aprendizado do Lenormand: podemos contar com uma única disposição para ler todo o espectro de preocupações e problemas que qualquer consulente possa apresentar.

Você não precisa tirar diferentes cartas ou usar várias disposições como faria em uma leitura de tarô; o método é, de fato, muito mais simples do que embaralhar e localizar a carta-chave, cortar em montes ou o que quer que seja – basta distribuir todas as cartas e ler o cenário. Entre cada carta significadora lida para saúde, riqueza ou amor, redefinimos nossos significados para as demais cartas. Em outras palavras, a carta A Raposa pode, então, significar algo totalmente diferente na parte seguinte da leitura. O modo como os significados podem mudar é uma das diferenças fundamentais entre o Lenormand e a leitura do tarô. Além disso, uma leitura do *Grand Tableau* necessita de pelo menos duas horas, sendo por isso recomendável levar em consideração o fator tempo se você deseja incluir o GT em uma prática profissional.

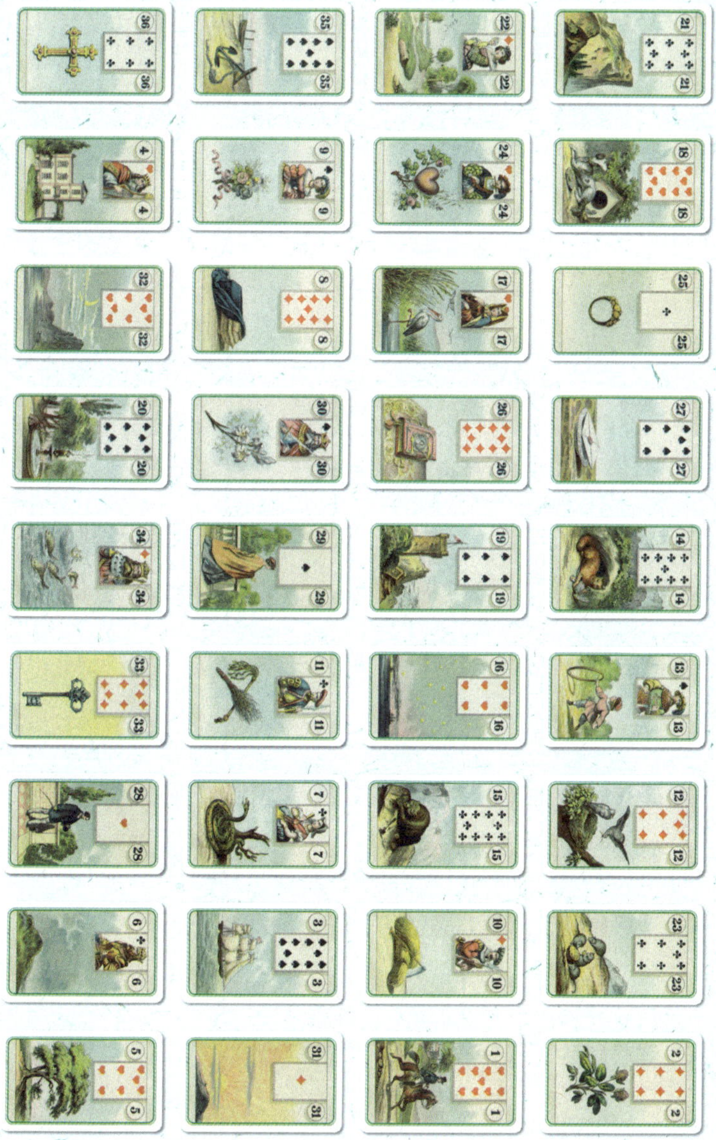

Figura 14 – O *Grand Tableau* – Mesa Real.

Exercício: Perto e Longe

Se você fez os exercícios anteriores, sem dúvida deve ter percebido como as várias tiragens 3 x 3 se relacionam entre si – onde se sobrepõem (e como você lê as mesmas cartas de modo diferente em cada caso!) e onde se distanciam. Quais cartas-chave estão perto e longe uma da outra e como essas posições podem acrescentar outro nível à sua leitura? Quais cartas causadoras de inquietação em uma parte do quadro também preocupam em outra?

Talvez seja necessário certo tempo para perceber como esse método é extraordinário e como você agora pode aplicar em profundidade as técnicas essenciais que já aprendeu para interpretar um quadro completo. No próximo capítulo, aprofundaremos o processo de leitura com uma introdução às casas do Lenormand, embora fique aqui a sugestão de que você pratique por algum tempo sem recorrer às casas.

Também recomendamos que continue praticando com quadros completos, mesmo que apenas leia parte deles. Não crie o hábito de tirar apenas algumas cartas; essa espécie de indolência induz o cérebro a percorrer caminhos limitadores.

QUATRO

ÁREAS E SIGNIFICADOS OCULTOS

Nesta lição, abordaremos o *Grand Tableau* em sua totalidade e algumas áreas específicas para a prática. Examinaremos nossos métodos pessoais e atuais de ver todo o GT com áreas, adotando correspondências de outros sistemas. Embora tratemos aqui apenas de aspectos básicos, existem muitos outros modelos que podem ser aplicados com proveito ao GT para obter esclarecimentos, correlações e confirmações de uma leitura.

AS ÁREAS

Podemos considerar o GT um grande cenário, um panorama que reflete todos os aspectos da vida do nosso consulente (consulte o livro *Field, Form and Fate*, de Michael Conforti). Visto como um grande cenário, podemos dividi-lo em diferentes áreas. Enquanto algumas áreas dependem do modo como as cartas caem, outras podem ser vistas na matriz fixa do GT. Quando dispomos os dois níveis, obtemos uma maneira bem abrangente e flexível de ler o Lenormand.

Nestas ilustrações, usaremos a tiragem 8 x 4 + 4 que nos possibilita aprender a usar essa variação levando em conta as quatro cartas da base como um novo conjunto chamado *cartas identificadoras*.

Nesta ilustração, vemos que as cartas que compõem a margem do GT formam o quadro. Em geral é proveitoso interpretá-las no decorrer da leitura para que indiquem contexto e um resumo geral. Podemos dividir esse quadro em elementos distintos.

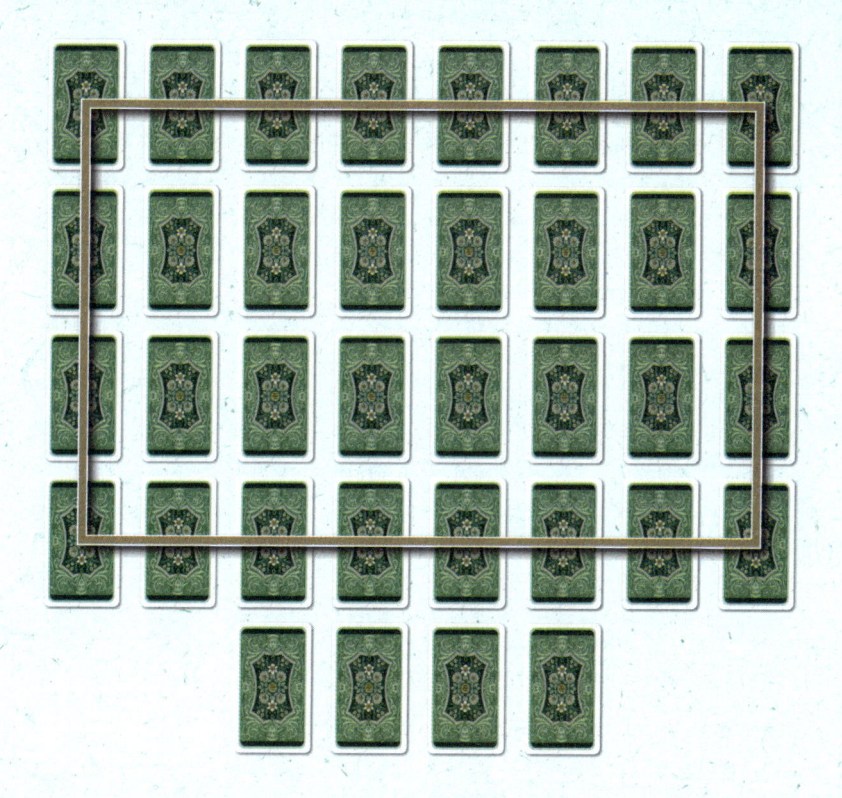

Figura 15 – O Quadro.

Área do Passado e do Futuro

Leia a coluna à esquerda como um cenário do passado e a coluna à direita como um cenário do futuro, independentemente do baralho ou de outros elementos da leitura.

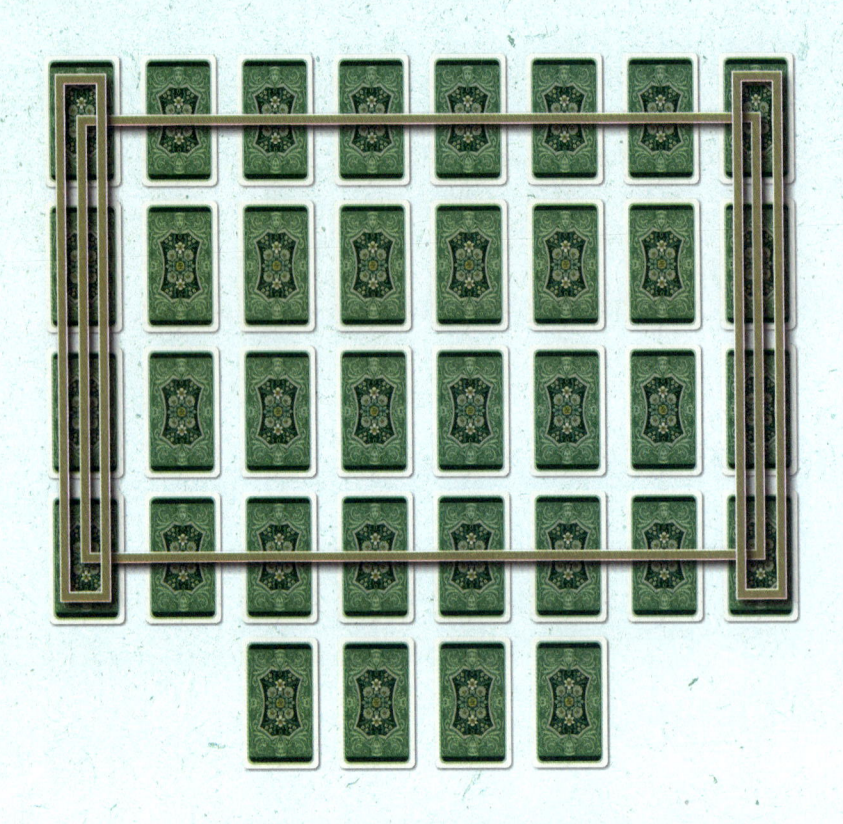

Figure 16 – Áreas do Passado e do Futuro.

As quatro cartas na coluna da esquerda nos dão uma indicação do passado da situação atual, ou, na verdade, uma indicação do que aconteceu antes do momento. São cenários aos quais os consulentes sempre retornam ao refletir sobre sua vida, pontos de vista antigos, padrões, hábitos, lembranças mais vivas etc. Essa coluna mostra o que os levou a ser quem são no presente, bem como o que, talvez, precise ser revelado ou mesmo redimido para efetivar mudanças substanciais no cenário atual.

As quatro cartas na coluna da direita nos dão uma indicação do futuro – o que os consulentes podem ver do ponto onde se encontram no momento. Essa visão pode limitá-los ou expandi-los, dependendo das outras cartas e contextos que já lemos no GT.

Observe que essas duas colunas são um tanto diferentes das colunas passado/futuro ditadas pela posição e perspectiva da carta-chave, por exemplo, O Cavalheiro. A posição em que a carta cai na leitura de um consulente masculino pode indicar que a maior parte do GT à direita é o futuro. Se a carta cai na coluna da esquerda e ele está voltado para a direita, significa que está preso aos padrões do passado.

Como citamos no início deste capítulo, o objetivo da nossa leitura deve ser promover o autocontrole; o uso dessas áreas em combinação com as lições anteriores fornece um mecanismo consistente para realizar uma leitura do GT em vários níveis.

ÁREAS DA VIDA ESPIRITUAL E MATERIAL

Você pode considerar a linha superior e a linha inferior como o cenário espiritual (aspirações mais elevadas) e o cenário material (manifestação, aspectos práticos), respectivamente, o que é útil em algumas perguntas, sobretudo quando examinadas em conjunto.

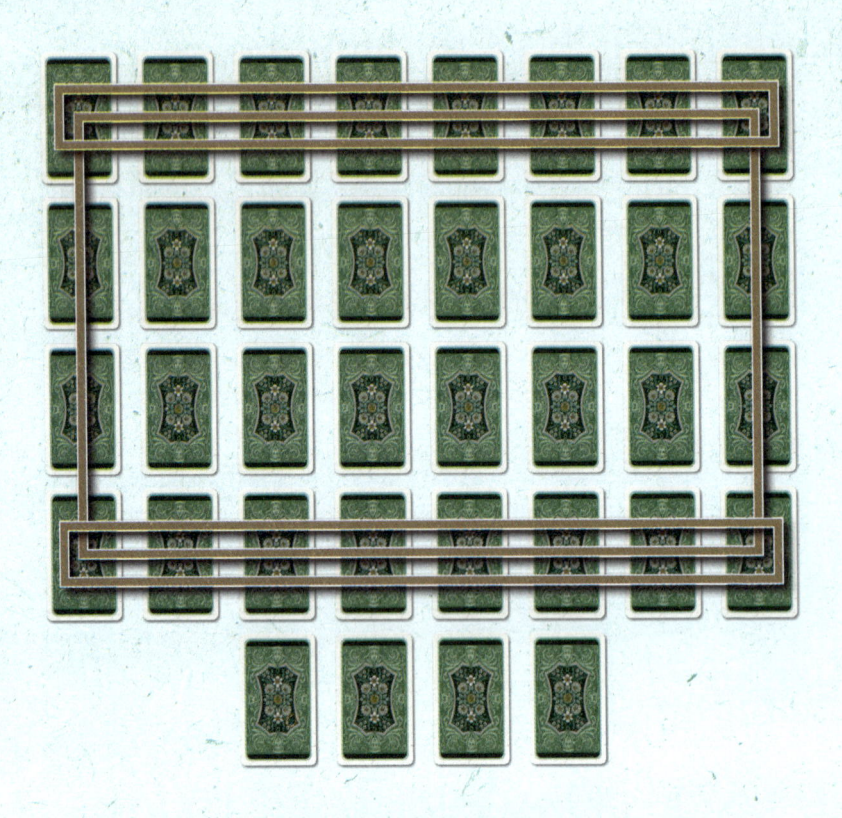

Figura 17 – Linha Superior e Inferior.

Assim como com as colunas passado e futuro, você pode combinar ou comparar cartas para analisar os detalhes da leitura geral sem perder a perspectiva do todo.

Veja o exemplo de uma leitura que fizemos em que examinamos apenas as linhas superior e inferior do GT, lendo-as como duas linhas e, em seguida, em conjunto.

Figura 18 – Exemplo de Linha Superior e Inferior.

- Cartas da Linha Superior: 1, 31, 34, 36, 23, 30, 2, 20

    As cartas da linha superior se referem a uma vida espiritual motivada pela comunicação; isso é evidente com a carta número 1, O Cavaleiro. Esse é movido pela energia do Sol, de modo que a força de vontade para prosseguir está presente e os recursos serão fornecidos pela presença da carta Os Peixes, desde que a intenção seja verdadeira.

    A Cruz representa certo fardo que acompanha a jornada, mas tranquiliza. O trabalho se realiza de maneira discreta e perseverante, sendo de natureza produtiva e lenta, segundo o espírito da carta Os Ratos. Os Lírios adverte a não negligenciar a vida interior e a não pensar que a meta foi alcançada – as coisas mal começaram. Seria recomendável manter uma vida simples em vez de aspirar a grandes alturas e acabar sem nada.

    O objetivo dessa existência é mostrar o melhor do que cada pessoa é, e não em ser superficial. Como se expressou Shakespeare: "Lírios mais fétidos do que ervas daninhas". Tudo está em não adiar os próprios deveres. O **Trevo** remete ao "conhece-te a ti mesmo" – identidade pessoal, com Os Lírios também indicando uma pureza interior que deve ser preservada mesmo se levada para o jardim da vida.

O Jardim é o "eu social" que deve se manifestar em total consonância com o "eu interior" de Os Lírios. O Jardim deve ser um lugar onde a pessoa é sempre levada a se comportar de maneira autêntica.

- Cartas da Linha Inferior: 5, 32, 22, 9, 15, 27, 16, 4

Na vida cotidiana, essas cartas mostram, de modo especial com A Árvore e A Casa posicionadas em uma extremidade e outra dessa linha, a importância de manter os recursos à mão. Se usada com sabedoria, A Árvore se torna um recurso autossustentável e um abrigo – mas também pode ser desperdiçada e transformada em tábuas que depois apodreçem. A Lua ilumina a vida prática do consulente, mostrando a necessidade de se conectar à intuição ao longo da carta Os Caminhos – essa voz interior deve ser ouvida e o consulente deve encontrar a força do Urso na capacidade de se comunicar (A Carta). A Estrela mostra que a vida diária do consulente deve ser estável, sem correr o risco de se desgastar; o consulente deve favorecer o planejamento a longo prazo e evitar a síndrome do esgotamento.

Quando examinamos os pares Superiores e Inferiores, podemos nos aprofundar nas questões mais importantes da vida espiritual do consulente, como se relaciona com a vida material e vice-versa. Faço aqui uma breve exposição do que pode ser examinado; você pode ver que aqui temos uma tiragem completa.

- 1 + 5: O Cavaleiro e A Árvore – a importância de canalizar o conhecimento ancestral e de aprender com a história pessoal em seus aspectos mais significativos.
- 31 + 32: O Sol e A Lua – o equilíbrio entre vontade e tomada de decisão emotiva.
- 34 + 22: Os Peixes e Os Caminhos – os recursos espirituais do consulente podem ser alimentados observando sinais e agindo a partir deles. Mesmo que o consulente perguntasse: "Como devo agir?", poderíamos responder observando no GT original as cartas acima da carta Os Caminhos, poderíamos observar a casa em que ela caiu etc. Esse é o poder do Espaço L: mostra o que citamos no início deste capítulo como "panorama".
- 36 + 9: A Cruz e O Buquê – adotar o apreço à vida espiritual com observação e prática, mostrando reverência.
- 23 + 15: Os Ratos e O Urso – da humildade pode-se extrair força.
- 30 + 27: Os Lírios e A Carta – adiar as coisas causará feridas internas.
- 2 + 16: O Trevo e A Estrela – a volta aos próprios sonhos e perspectivas originais trará boa sorte.
- 20 + 4: O Jardim e A Casa – encontro do equilíbrio da vida interior e exterior.

Esperamos ainda que você perceba que, mesmo enquanto esses pares nos mostram incontáveis informações para associar ao consulente, teríamos mais proveito examinando-as no GT inteiro e expandindo-as para além de cada par. Ao disponibilizar as áreas no GT, o objetivo é oferecer-lhe muitas opções de interpretação.

As Quatro Cartas Fixadoras

Podemos, então, voltar a atenção às que denominamos **cartas fixadoras**: as quatro cartas que fixariam o GT se o pendurássemos na parede, e que mostram ao cartomante como o consulente está se comportando em uma situação de vida. Essas quatro cartas são a marca registrada ou estratégia exclusiva do consulente para lidar com o estresse (e a tranquilidade) presente no seu dia a dia.

Figura 19 – As Quatro Cartas Fixadoras.

As Cartas Identificadoras

Por fim, podemos examinar as quatro cartas posicionadas na base da versão 4 x 8 + 4 do GT, que chamamos de cartas indicadoras. Se imaginarmos o GT como uma fotografia, um *tableau vivant*, essas quatro cartas correspondem às legendas. Elas mostram os detalhes ou características essenciais da imagem. Na tradição da cartomancia, elas constituem o "veredicto", o desfecho.

Sem uma ordem específica, as cartas indicadoras nos informam:

- A **história** da situação (Encontra-se nos estágios iniciais? Intermediários? Finais ou em declínio?)
- O **estilo** geral, ou seja, trata-se de uma situação formal ou informal? A questão tem relação com o coração ou com a mente?
- O **assunto** – o que está sendo, de fato, comunicado?
- A **especificidade** com relação a esse consulente em particular. O que diferencia essa situação de outras semelhantes?

Como exemplo, se tivéssemos as quatro cartas seguintes na área indicadora:

Figura 20 – Cartas Identificadoras.

Teríamos estas informações sobre a vida do consulente:

- História: Legado, situação de longa data.
- Estilo: Tradicional, seguindo um padrão.
- Assunto: Criação de um espaço tomando decisões – encontrando seu lugar.
- Especificidade: Consulente sendo levado ao que deveria estar fazendo e seguindo em frente.

Imaginaríamos que o consulente esteve empregado ou então envolvido em um relacionamento durante muito tempo e agora vive uma situação totalmente nova. Conquanto para muitos seja algo comum "encontrar o seu lugar", esse consulente ocupa uma posição única (o aspecto *in medias res* – "no meio das coisas") e qualquer decisão imediata definirá o rumo por algum tempo.

Você pode atribuir quatro significados posicionais fixos a essas quatro cartas indicadoras, mas para nós esse procedimento exclui a elegância, a graça e a grande força do Espaço L para expressar com facilidade situações complexas.

A Cruz Oculta

Um modelo mais avançado a se levar em conta é a "cruz oculta", composta das cartas a seguir.

As quatro cartas no centro do GT constituem um ponto de articulação da cruz oculta, podendo ser consideradas o "centro" ou "ponto crucial" da questão, de modo especial, na vida cotidiana ou prática do consulente. Por representarem o "centro" do problema, e com o objetivo de me orientar, às vezes examino essas quatro cartas antes de começar a percorrer o GT em seu todo; em seguida, passo à carta programada e prossigo daí em diante.

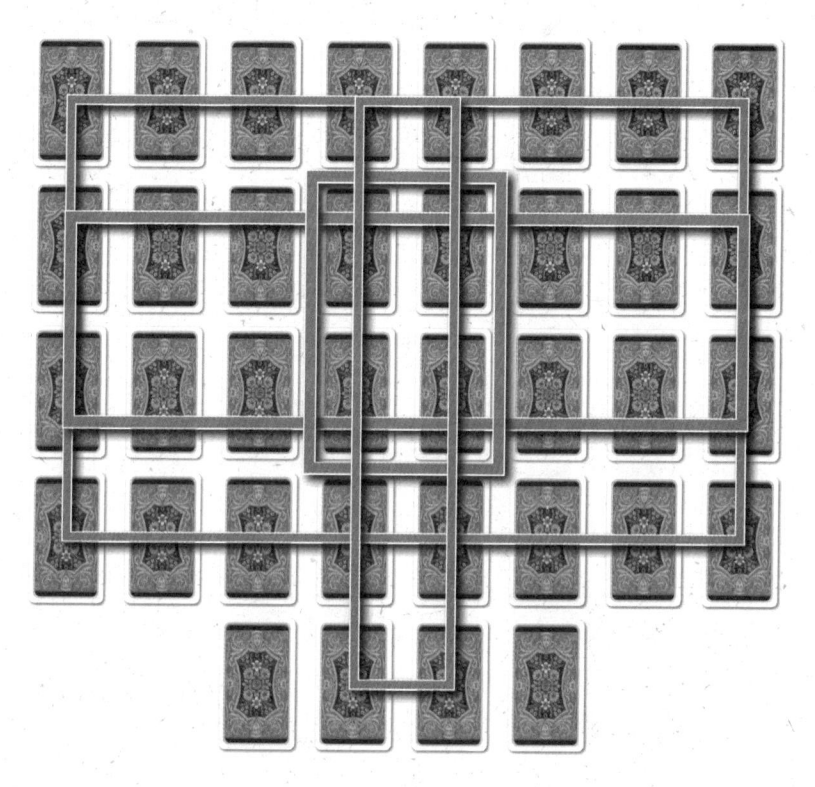

Figura 21 – A Cruz Oculta.

Leitura Geral ou Linear

Em todas as opções, as cartas são lidas como aprendemos – **juntas, em conjunto**. Elas não têm um significado posicional único; apresentam-se sempre como um cenário completo. Quer as disponha em bloco ou em linha, você resolve se quer lê-las da esquerda para a direita ou da direita para a esquerda, de maneira linear.

Para isso, você precisa saber com antecedência qual carta influencia outra. A primeira se aplica à segunda que você lê ou vice-versa? Como exemplo, em uma leitura linear, você pode ter como primeiras duas cartas A Chave e O Caixão.

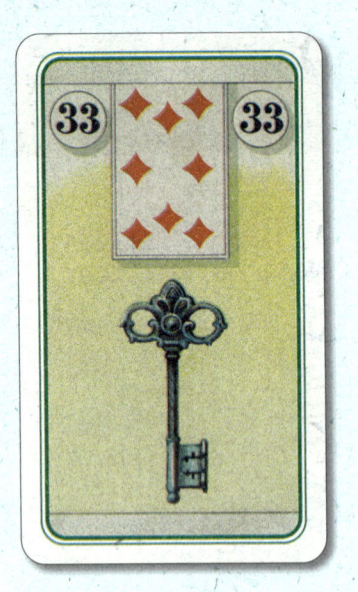

Figura 22 – A Chave e O Caixão.

Podemos raciocinar desta forma: a Chave está no Caixão ou fora dele? A diferença pode ser grande! É nesse ponto que os livros, em sua maioria, são pouco claros – quando apresentam pares (muitos o fazem), eles mantêm a interpretação, seja qual for a posição relativa das duas cartas. Isso funciona em uma leitura global em que todas as cartas são vistas juntas e como um todo, mas é problemático para uma leitura linear – na verdade, confuso (principalmente para os que interpretam o Espaço T). Não surpreende, dizem todos, de modo particular os que vão do Espaço T para o Espaço L.

Segundo Treppner, lendo A Chave e, em seguida, O Caixão, chegamos a uma interpretação simples: "Logo ficará melhor". No entanto, se lermos antes O Caixão e *depois* A Chave, obtemos quase a mesma coisa, com uma ressalva, "Logo ficará melhor, [entretanto] haverá um pequeno infortúnio afetando sua segurança, embora nada dramático". Ou seja, A Chave (bloqueio) será afetada pelo impacto de O Caixão.

Em geral, uma boa regra a seguir é considerar que a segunda carta afeta – ou modifica – a leitura da primeira. Nesse caso, **primeiro** "segurança" da Chave, *depois* "mudança" indicada pelo Caixão. Lendo essas cartas ao contrário, teríamos a mudança do Caixão sendo trancada pela Chave – a exata interpretação oposta.

Como sempre, veja o que dá melhores resultados para você e depois de escolher um método, adote-o, revise-o com frequência e desenvolva gradualmente sua própria metodologia. Todos somos oráculos únicos.

Sombreamento

Sombreamento é um elemento um tanto estranho que eu (Tali) acrescentei às minhas leituras ao longo do tempo, pois acredito que quando uma carta está muito próxima de outra, às vezes é duvidoso lê-la como uma "influência forte", sendo mais apropriado interpretá-la como "próxima demais para se enxergar".

Como consequência, no meu entender, as cartas situadas no entorno imediato de uma carta "projetam uma sombra" sobre ela. De modo superficial, podemos comparar esse "sombreamento" com as cartas invertidas do tarô; ele acrescenta certa perspectiva às leituras, o que quase sempre favorece o surgimento de novas ideias. Faça um teste e verifique se isso acontece também com você.

Toda carta imediatamente próxima de outra sombreia essa segunda. As leituras possíveis são infinitas porque podemos ter várias cartas sombreando a carta-chave, O Cavalheiro ou A Dama, ou algumas cartas sombreando uma carta que você tenha elevado a uma categoria superior e que esteja em uma casa de interesse específico – e aqui simplesmente não podemos definir regras.

A melhor analogia para isso é o jogo *Go*, não o xadrez. Com o *Go* aplicando apenas algumas regras muito simples e usando alguns tabuleiros de tamanhos diferentes, fica muito difícil para a mente de fato entender regras fixas como as do xadrez. O *Go* oferece um fluxo gracioso e elegante de padrões e é jogado como a melhor leitura do Lenormand.

Fica aqui a sugestão: leia *Go! More Than a Game*, de Peter Shotwell, para conhecer a mecânica e a estética do jogo. A ciência do "reconhecimento de padrões" – de modo particular no que se refere ao xadrez e ao tarô – é um dos temas abordados por Marcus Katz em seu *Tarosophy*.

1. **O Cavaleiro: Comunicações, intermediação.**
   Palavras-sombra: Ruído, tagarelice, fofocas.
   Um exemplo é O Urso e A Âncora sombreados pela carta O Cavaleiro. Essa configuração pode indicar tagarelice interior, dúvidas e incertezas, paranoia e crises de depressão que podem afetar a saúde e o bem-estar mental/emocional. Outro exemplo poderia ser as cartas Os Ratos e A Criança sombreadas pela carta O Cavaleiro: o desconhecimento de um problema iminente devido à desinformação.

2. **O Trevo: Identidade, sorte.**
   Palavras-sombra: Carência, infortúnio.
   O Trevo pode aludir à identidade, no sentido de que o trevo (trifólio) é considerado a flor nacional da Irlanda; o símbolo está bem radicado na identidade nacional local.
   As cartas A Estrela e A Árvore sombreadas pela carta O Trevo podem indicar cansaço, fadiga e a sensação de que a sua vida é aborrecida, não sendo mais o que você deseja. Sensação de não pertencimento, de alienação, de desvalorização, com a perda dos caminhos da fé, da identidade espiritual. Esse momento pode identificar-se com o período da crise da meia-idade, com a presença de um sentimento de arrependimento pelo que não se criou.
   É interessante observar que, se a carta O Trevo combina com A Montanha, ela pode significar a descoberta e a busca da "identidade" espiritual, pois, "quando o trevo está no alto da montanha,

ele significa conhecimento da 'essência' divina alcançado pelo esforço árduo" (Cirlot).

3. O Navio: Aventura.
Palavra-sombra: Especulação.
Uma energia imprudente pode estar em ação. As cartas A Serpente e O Livro sombreadas pelo Navio seriam um evidente mau uso de informações por motivos escusos; no entanto, O Navio sombreando a carta O Livro mostraria que o engano é facilmente descoberto. Poderia indicar que alguém está pondo em risco a descoberta porque se deixou levar pela própria esperteza.

4. A Casa: Segurança.
Palavra-sombra: Possessividade.
A Casa lança uma sombra que, ao mesmo tempo que fornece abrigo e proteção, também deixa a pessoa do lado de fora. Essa exclusão dos recursos pode levar à possessividade e à carência por medo de perder a segurança. A sombra da Casa pode, então, estimular a cautela, a introversão e a passividade, a proverbial solução de "enterrar a cabeça na areia".

As cartas A Chave e A Cegonha sombreadas pela A Casa indicam mau uso do poder devido à pretensão excessiva de obter riquezas. Talvez você use cartões de crédito de modo indevido, gastando mais do que ganha, para acompanhar o estilo de vida dos que você considera bem-sucedidos. Incapaz de restituir, incapaz de entregar o que você prometeu!

5. A Árvore: Longevidade.

Palavras-sombra: Teimosia; ultrapassar os limites e afastar-se da fonte.

A Árvore sombreando as cartas A Foice e O Coração pode significar determinação em ser disciplinado e motivado em excesso, daí resultando uma incapacidade de aproveitar os prazeres da vida. Tudo o que resta é exaustão. A vida consiste também em cadenciar a jornada e usufruir o momento. Não se trata apenas de pressa em chegar ao destino; pare alguns instantes e aprecie a paisagem. Será essa uma lição que o consulente precisa aprender?

6. As Nuvens: Transição.

Palavras-sombra: Imprevisibilidade, variabilidade.

Alerta com relação àqueles que podemos descrever como "amigos, no tempo dos figos". Cuide para não depositar demasiada confiança em quem você conhece pouco; pessoas assim podem transferir sua lealdade a terceiros. Há verdade nessas afirmações? Anúncio de relacionamentos tempestuosos.

Se aplicarmos essas ideias às cartas O Navio e A Raposa, a sugestão aqui é de grande abandono – ratos abandonam o navio que afunda, desaconselha-se viajar sem um bom planejamento prévio. Cuidado com comportamentos instáveis; alguém pode causar decepções. Alguma coisa se mostra boa demais para ser verdade? Invariavelmente, os sentimentos viscerais são corretos, por isso confie nesses instintos e aja de acordo com eles para efetuar mudanças.

7. A Serpente: Furtividade.
Palavra-sombra: Sabotagem.
Há elementos em ação dos quais mal temos consciência; continuamos no dia a dia, talvez alheios às forças externas que podem causar danos. Você não pode se preparar para todas as eventualidades, tendo apenas de aceitar o inevitável. Ou não?

A Serpente sombreando as cartas A Montanha e A Âncora indica que uma situação persistente e prolongada não se dissipará por si mesma; problemas insidiosos que se acumularam ao longo do tempo e que não foram resolvidos virão à tona... ou talvez o alerta seja que isso tudo pode acontecer no futuro se você não agir de imediato!

8. O Caixão: Iniciação.
Palavra-sombra: Tribulação.
O encontro com o desconhecido implica obrigação e responsabilidade.

O Caixão sombreando as cartas O Cão e A Criança denota um teste de lealdade, a impressão de ser julgado por outros, de perder o vigor e o entusiasmo, de ser mantido sob controle, de não poder relaxar e despreocupar-se devido às responsabilidades. Talvez haja a sensação de que toda leveza se dissipou.

Essa sombra está ligada ao peso da codependência e ao sofrimento a ela associado devidos ao medo iminente de perder alguém importante ou um estado desejado. Amar e ser amado é uma bênção e uma maldição. Uma perda de inocência também é possível.

O céu nos envolve na infância!
As trevas do cárcere começam encerrar
O menino que cresce.
– William Wordsworth

9. O Buquê: Apreciação.
Palavra-sombra: Bajulação.
Uma sombra sobre as cartas A Dama e O Cavalheiro indica um relacionamento superficial baseado acima de tudo na bajulação e não na expressão da verdade. Tudo o que é dito tem por objetivo obter as graças e o afeto da outra pessoa. Os motivos podem ser suspeitos – tenha cuidado! Também questione as razões se houver indícios de culpa nessa equação emocional.

Essa carta mostra todo o empenho adulador em ação com o uso de palavras superficiais e afeições falsas. A pessoa pode acabar tecendo sua própria rede de opressão. Motivos escusos podem estar ocultos em um presente.

10. A Foice: Limpeza.
Palavras-sombra: Perda ou luto.
A Foice sombreando as cartas O Jardim e Os Lírios implica que, por alguma ação precipitada e por curiosidade, a inocência será perdida, sem possibilidade de recuperação. Um anseio doloroso relembra como as coisas eram; estado de nostalgia.

Lembro-me, lembro-me
De onde costumava correr,
E achava que o ar devia ser também assim fresco

Nas asas das andorinhas;
Meu espírito, que então voava em penas,
Que agora está tão pesado,
E os lagos de verão mal podiam refrescar
A febre da minha testa!
– Thomas Hood

11. O Chicote: Servidão.

Palavras-sombra: Labuta, grande esforço.

Com sua sombra projetada sobre as cartas As Nuvens e O Anel, essa carta representa compromisso com alguma coisa ou uma obrigação que acaba sendo bem diferente do que você esperava de início. Você pode ter se envolvido em um relacionamento ou situação de trabalho achando que estava no controle, mas descobriu que outra pessoa dá as ordens – e você apenas as executa. As perspectivas podem ser sombrias se você não fizer um balanço da sua vida e agir de acordo com o que realmente deseja.

12. Os Pássaros: Adivinhação.

Palavra-sombra: Receptividade.

Diz um ditado: "Muito conhecimento pode ser perigoso". Os Pássaros lançando sombra sobre as cartas A Lua e A Cruz pode sugerir uma postura de muito saber que passa uma falsa sensação de segurança ao lidar com a sensibilidade ou as emoções de outras pessoas. O fato de você saber alguma coisa não significa que deve expressar esse conhecimento sem levar em consideração como isso pode afetar outra pessoa. A indicação aqui também pode ser o sofrimento e o peso que acompanham o estado de intensa sensibilidade.

13. A Criança: Ingenuidade, inocência.
Palavra-sombra: Credulidade.
Chama-se a atenção aqui ao excesso de ingenuidade, o que pode levar a abusos cometidos contra o consulente.

A Criança lançando sombra sobre as cartas Os Caminhos e A Serpente pode sugerir que uma decisão precipitada poderia acabar se transformando em uma situação comprometedora entre o consulente e uma pessoa não confiável. Se o consulente não conhece muito bem a situação ou as pessoas, esse não é o momento de confiar em demasia.

14. A Raposa: Astúcia.
Palavra-sombra: Malevolência.
É tênue a linha que separa estratégias ambiciosas das más intenções para com outros. É sensato ter em mente que fazer o possível para conseguir o que você deseja apenas por motivos egoístas sempre traz consequências. A carta A Raposa sombreando as lâminas O Urso e A Carta é uma expressão do karma, resumida na sentença "Tudo o que vai, volta". Não é saudável falar mal dos outros; notícias e mexericos podem sair do controle e voltar como um bumerangue! Toda ação praticada acarreta um retorno.

15. O Urso: Obstinação.
Palavra-sombra: Inflexibilidade.
Você já pensou em se atracar com um urso? Provavelmente não! Imagine a carta O Urso lançando sombra sobre as cartas A Torre e Os Ratos: tudo consiste em finalmente ver o que esteve às claras o tempo inteiro, bem debaixo do seu nariz. Talvez você venha

se comportando como um ratinho tímido – chegou o momento de liberar sua energia interna do Urso. Vá em frente, solte sua fera, não vai doer nada!

16. A Estrela: Criação.

Palavra-sombra: Multiplicação.

Segundo uma escola de pensamento, nós mesmos criamos a nossa realidade; tornamo-nos aquilo em que acreditamos. Por isso, precisamos estar atentos ao que desejamos, pois um pensamento negativo pode criar outro, e assim por diante. Um estado de espírito inquieto foge do controle e não somos mais senhores da nossa realidade, lançados que somos em um buraco negro.

Assim, se a carta A Estrela lança uma sombra sobre as cartas O Sol e A Lua, solavancos podem ocorrer à frente; talvez sua imaginação projete o que há de melhor em você e você passe a confiar demais, mergulhando em uma situação distante da sua zona de conforto. Tenha em mente que essa triangulação estelar é bastante poderosa; se bem aproveitada, o resultado pode ser usado em seu benefício; por isso, preste atenção e veja bem o que pede a uma estrela.

17. A Cegonha: Entrega.

Palavra-sombra: Dependência.

A mensagem aqui remete ao perigo de depender demais de terceiros para uma estabilidade – a crença de que você terá segurança garantida, aconteça o que acontecer, implica um risco. Você pode ter se cercado de pessoas de sua confiança, um grupo de apoiadores que sustentam sua autoconfiança. Talvez você espere que essas pessoas estejam sempre disponíveis em tempos de dificuldades. Na verdade, elas poderão não estar presentes quando realmente precisar delas. Isso por si só pode ser devastador para sua estabilidade.

A carta A Cegonha projetando sombra sobre as cartas O Trevo e Os Caminhos pode indicar insegurança sobre sua identidade. Você pode saber de onde veio, mas o que vem a seguir? Perguntas como "Quem sou eu?", "Para onde vou?", "Qual é o propósito da minha vida?", "Qual é o sentido de tudo isso?", serão muito importantes na vida do consulente. O tema aqui é o medo de seguir em frente, com a possibilidade de perder o que a pessoa já tem.

18. O Cão: Codependência.
Palavra-sombra: Egoísmo.

Seja honesto com relação à verdadeira motivação do que você faz para outras pessoas. Você está sendo agradável e amigável apenas para alcançar certo resultado? Você quer que a outra pessoa lhe faça um favor e por isso se mostra mais gentil do que o normal? Alguém é considerado seu amigo apenas nos seus termos, apenas do seu lado bom, quando lhe diz coisas que você *quer* ouvir em vez do que *deveria* ouvir?

A carta O Cão sombreando as cartas A Chave e O Jardim indica uma situação em que alguém é mantido "no escuro". Alguma coisa está trancada e escondida para evitar uma reação adversa, e está desperdiçando a oportunidade de aprender e crescer com a ajuda do mundo externo e das experiências que ele propicia. O consulente precisa sair, participar de eventos, conhecer pessoas e se misturar.

19. A Torre: Visão.
Palavra-sombra: Vigilância.
A capacidade de ver pode implicar o ônus de ver e de saber demais. A sombra que essa carta lança é de vigilância – vivemos tempos em que tudo o que fazemos é monitorado, registrado e relatado. Às vezes, parece que não há lugar para se esconder dos olhares indiscretos do Grande Irmão orwelliano. Somos vulneráveis ao furto de identidade, ao assédio cibernético, à perseguição virtual, a invasões de comunicação ilegais e a centenas de outras invasões de privacidade e de limites.

A carta A Torre sombreando as cartas O Anel e Os Peixes indica relacionamentos ciumentos e possessivos; alguém pode estar sendo perseguido. A sombra de A Torre pode também indicar que o consulente consulta demais as cartas; talvez ele espere que as cartas forneçam informações sobre alguém que lhe seja pouco conhecido. Essa sombra pode estar chamando a atenção para os perigos da curiosidade obsessiva, no sentido de que existem coisas que seria melhor você ou outra pessoa ignorar. A curiosidade matou o gato (peixe)!

20. O Jardim: Interação.
Palavras-sombra: Dependência das mídias sociais.
Temos hoje um transtorno mental denominado "vício em redes sociais", derivado da ideia proposta de que as mídias sociais viciam mais do que o cigarro ou o álcool. O Facebook, o Twitter e outras plataformas passaram a ser elementos cada vez mais essenciais, predominantes, obrigatórios e indispensáveis em nossa vida. Eles expandem e ampliam o nosso conjunto de ferramentas de

interação, mas também reduzem outras formas de convívio, ou seja, o contato face a face, a presença real. Talvez pensemos que devemos passar um tempo cada vez maior "alimentando a fera" para receber aprovação do próprio valor social.

A carta O Jardim sombreando as cartas Os Pássaros e O Cavaleiro representa o assédio e os mexericos da *internet*, além de uma dependência excessiva das redes sociais para o sentimento de autoestima do indivíduo. É preciso voltar ao básico da socialização: fazer uma chamada telefônica, escrever uma carta, visitar alguém pessoalmente. Participe de um evento presencial e faça amizade com pessoas reais.

As redes sociais alteraram profundamente as formas de interação das pessoas. Uma mudança drástica ocorreu com o conceito "conhecer as pessoas". Esse conceito chamou minha atenção há algumas semanas, quando me vi frente a frente pela primeira vez com um músico que, por acaso, havia encontrado várias vezes *on-line*. Curiosamente, nenhum de nós agiu como se fosse o primeiro encontro.

Os usuários obtêm inúmeras vantagens e retornos de sites de redes sociais, como o reconhecimento pela geração de conteúdo, o retorno em números de seguidores e fãs, comunicação, destaque, observação e melhora das redes sociais. As diferentes vantagens e retornos se relacionam de modo distinto com os padrões de uso, com o retorno da interação social tendendo a aumentar a frequência de uso e as vantagens ao gerar conteúdo levando ao aumento do tempo dedicado aos sites.

21. A Montanha: Perenidade.

Palavra-sombra: Resistência

Em algum momento da nossa vida, todos nós fomos chamados de rígidos, incapazes de demonstrar compaixão ou compreensão suficientes em um momento que teria sido apropriado fazê-lo. Com o passar dos anos, talvez tenhamos aprendido que os "moles" são espezinhados. A Montanha representada nessa carta existe há milênios, sobreviveu e se mostra perene, firme. As dificuldades que enfrentamos nos tornam resistentes.

A carta A Montanha projetando sua sombra sobre as cartas A Raposa e Os Lírios pode simbolizar uma pessoa calculista e impositiva, pouco disposta a ser flexível e abrir as portas para uma mudança. Lembre-se do que disse Shakespeare a respeito dos lírios em seu Soneto 94:

Os que têm o poder de ferir, mas não ferem,
Que não fazem o que aparentam fazer,
Que, impelindo outros, são como pedra,
Imóveis, frios e imunes à tentação,
Merecidamente herdam as graças divinas.
...
Pois o mais doce fica amargo por seus feitos;
Lírios mais fétidos do que ervas daninhas.

22. Os Caminhos: Escolha, decisão.

Palavra-sombra: Responsabilidade.

Neste ponto vem à mente o dito "A responsabilidade é minha", significando que o indivíduo que toma a decisão assumirá total responsabilidade se o resultado não corresponder às expectativas. Todos nós precisamos fazer escolhas e tomar decisões, e sabemos que o processo de tomada de decisão se faz acompanhar do ônus da responsabilidade. Temos de ir em frente e arcar com as consequências.

A carta Os Caminhos lançando sua sombra sobre as cartas A Dama e A Cruz pode significar preocupação e inquietação excessiva em amparar e proteger alguém próximo a nós, não lhe permitindo cometer seus próprios erros.

23. Os Ratos: Produtividade.
Palavras-sombra: Diluição, enfraquecimento.
Pode ser muito fácil esticar-se um pouco mais, espichar a linha das nossas limitações para acompanhar desejos desnecessários que se tornaram a norma dos nossos tempos. Precisamos desacelerar para não perder de vista o que mais importa e para nos concentrar na qualidade e não na quantidade. Sem dúvida, menos é mais, de modo especial se o recurso for especial. Por exemplo, compare a qualidade e a criatividade excepcional de uma peça artesanal feita sob encomenda com os produtos padronizados fabricados em massa em uma linha de produção.

A carta Os Ratos lançando sombra sobre as lâminas A Carta e A Lua remete ao mundo em constante expansão das mídias sociais. Corremos o risco de perder o toque pessoal de uma chamada telefônica ou de uma carta pessoal a amigos da juventude – não temos mais tempo. Vivemos em um mundo cibernético que reconfigurou a nossa realidade e sacrificou a verdadeira intimidade de um com outro.

24. O Coração: Coragem.
Palavras-sombra: Imprudência, intrepidez.
Há uma força que impele à coragem, mas, então, surge a imprudência. Sem dúvida, às vezes a primeira pode facilmente transformar-se na segunda. Você precisaria ter coragem para atravessar as Cataratas do Niágara sobre uma corda bamba, mas muitos considerariam a tentativa imprudente.

A carta O Coração lançando sombra sobre as cartas As Nuvens e A Âncora seria um alerta a prestar atenção aos avisos para tomar cuidado e um conselho para não agir quando o mais seguro e o caminho de menor resistência seria ficar em casa e não fazer nada. Você acha que sabe tudo? Seu comportamento é um tanto precipitado?

25. O Anel: Continuidade.
Palavra-sombra: Previsibilidade.
Quando uma situação perdura sem mudanças, sem fim à vista, o resultado pode ser uma vida tomada pelo tédio. Apegamo-nos ou dependemos tanto da rotina e dos hábitos, que quase esquecemos como nos comportávamos quando éramos espontâneos. A vida se torna muito previsível e nós ficamos prisioneiros dos nossos próprios mecanismos. Giramos e giramos em nosso rígido pequeno círculo, sem nunca avançar.

Assim, a carta O Anel lançando sombra sobre as cartas O Sol e A Âncora representa um impasse ou posição fixa; é uma recusa a descansar, não permitindo que o Sol se ponha, não deixando que a âncora submerja. O conselho aqui é aproveitar a força de vontade do Sol e o poder da Âncora, dando tempo para traçar um novo rumo para que as mudanças possam ocorrer.

26. O Livro: Conhecimento.
Palavra-sombra: Responsabilidade.

Alguém disse que a posse de algum conhecimento pode ser algo perigoso, como no mito da Fonte Pieriana no Monte Olimpo, uma fonte de conhecimento e inspiração, sagrada para as Musas. A advertência remete ao fato de que, ao nos familiarizarmos com um assunto interessante e nele mergulharmos, de certo modo, bebemos os "goles rasos" da Fonte Pieriana. Eles podem subir à cabeça e nós podemos nos enganar facilmente, acreditando saber mais do que realmente sabemos. Todos nós conhecemos um "sabe-tudo" assim.

A carta O Livro sombreando as cartas O Cavaleiro e A Cruz indicaria alguém com complexo de Messias. Você é aconselhado a não se deixar levar pela sua crença ou conhecimento recém-adquirido, resistindo ao desejo de falar a todos sobre ele. É necessário conter-se e respirar fundo. Pense profundamente, mas guarde as ideias para si mesmo. Lembre-se de que nem todos apreciarão seu entusiasmo! Assim, um pouco de conhecimento *pode* ser perigoso!

... beba das profundezas, ou sequer prove da fonte pieriana: aqui goles rasos intoxicam o cérebro, e beber muito nos torna sóbrios outra vez.
– Alexander Pope, *An Essay on Criticism*

27. A Carta: Sentimento.
Palavra-sombra: Retrocesso.

Pense no obsoleto hábito de escrever cartas para as pessoas mais queridas e próximas, o cuidado aplicado a uma abordagem mais reflexiva para comunicar nossos pensamentos e sentimentos. Essas cartas podem ser guardadas e apreciadas de maneira sentimental, algo bem diferente de manter nosso *laptop* ou *iPad* debaixo do travesseiro! No entanto, a desvantagem da comunicação por carta é que na realidade se trata de um processo demorado e muito lento em todos os níveis.

28. O Cavalheiro: Analítico.
Palavra-sombra: Cínico.

Temos aqui um personagem masculino que faz parte do seu círculo de amigos e que tende a ser um tanto cínico. É quase certo que, se você acredita em algo com toda convicção, ele irá contestá-lo. Pode haver uma discussão à espera nos bastidores.

A carta O Cavalheiro projetando uma sombra sobre as cartas O Sol e A Âncora pode significar um período de inquietação e agitação. Se o consulente pergunta sobre um problema de relacionamento, isso pode indicar que ele se encontra em um momento complicado ou que simplesmente não está indo a lugar nenhum no relacionamento; as duas energias apenas se consomem uma à outra.

29. A Dama: Intuitiva.
Palavra-sombra: Nervosismo.

Assim como um pouco de conhecimento pode ser uma coisa perigosa, como se viu no comentário sobre a carta O Livro, a capacidade de entrar em sintonia com as energias ao nosso redor também pode ser prejudicial. Se não for bem equilibrado, esse modo de ser pode nos deixar expostos à exaustão. Há momentos em que precisamos ser capazes de nos distanciar, conservar e fortalecer nossa energia em todos os níveis, tanto no emocional como no físico. Não podemos ser tudo para todas as pessoas o tempo todo.

A carta A Dama lançando sombra sobre as cartas Os Peixes, Os Pássaros atrai uma torrente de energia de tensão. Aparecendo para o consulente em relação a uma situação doméstica, financeira, de segurança, essa combinação alertaria a não reagir à situação de forma automática e instintiva. A pessoa precisa examinar áreas da vida em que recursos gerais e recursos energéticos pessoais estão sendo esgotados. O consulente precisa se perguntar quem em sua vida faz o papel de vampiro psíquico e, então, tomar as medidas necessárias de autoproteção.

30. Os Lírios: Pureza.
Palavra-sombra: Restrição.

Quem ama com pureza de coração não aprecia o que lhe é dado, mas o amor de quem dá.

— Thomas de Kempis

Essa sombra consiste em segurar, retrair, manter e não dar. Há um ar de reserva ou de ser reservado quando a carta Os Lírios lança sua sombra sobre as cartas O Coração e A Chave. Se essas combinações ocorrem durante a tiragem, o consulente precisa analisar seu coração e se perguntar o que não está expressando para outra pessoa em sua vida ou quem está ocultando alguma coisa dele.

> *Você doa pouco quando dá de suas posses; é quando dá de si mesmo que você realmente doa.* – Khalil Gibran

31. O Sol: Vontade.
Palavra-sombra: Obsessão.

Quando fazemos algo com determinação e entusiasmo, deixando-nos levar pelo arrebatamento da criação, é difícil deter-se. A compulsão ao término entra em ação e nós continuamos até ficar satisfeitos. Esse estado de espírito acaba sendo a sombra da carta Sol, uma sombra de obsessão lançada sobre as cartas A Âncora e O Coração. A situação lembra o filme *O Feitiço do Tempo* (muito conhecido pelo Dia da Marmota), uma repetição interminável de um mesmo gesto. Em uma leitura sobre relacionamentos, bem... você pode imaginar o que isso implica... Visualize a Âncora e o Coração como uma coisa só, sendo lançada constantemente ao mar. Assim que você se acalma, o Coração (estabilidade) volta à superfície. Um relacionamento dessa natureza está em estado de constante oscilação – algo precisa ser expresso.

32. A Lua: Sonhos.
Palavra-sombra: Fantasia.

Alguns sonhos são lindos; outros podem se transformar em pesadelos da noite para o dia, literalmente. Isso é bem verdade se perdemos contato com a realidade, o que nunca é bom. Talvez nos surpreendamos tentando viver esses sonhos fantásticos em nossas horas de vigília, mas à luz do dia não encontram nenhuma base ou realidade que lhes dê sustentação.

A carta A Lua sombreando as cartas A Cruz e O Trevo recomenda não assumir riscos ou especular em demasia. O consulente pode estar enganando a si mesmo, imaginando que uma situação embaraçosa irá mudar para melhor. Talvez ele precise reavaliar essa situação e pensar em afastar-se dela.

33. A Chave: Acesso.
Palavra-sombra: Controle.
A Chave pode ser um instrumento de libertação ou de bloqueio de alguma coisa, o que, em certas circunstâncias, pode significar opressão e controle. A carta A Chave lançando sombra (controle) sobre as cartas O Navio e O Chicote indica uma vida que não está sendo vivida, oportunidades que estão sendo desperdiçadas. Pode tratar-se de um contexto profissional em que uma promoção parece demorada, deixando a pessoa com a sensação de que não é valorizada pelo trabalho árduo que realiza e pela dedicação que demonstra. Também pode referir-se a um relacionamento que se tornou complicado e não progride, com a sensação de que tudo se arrasta.

34. Os Peixes: Recursos.
Palavra-sombra: Necessidade.
A carta Os Peixes pode se referir a recursos e ao aproveitamento máximo das capacidades pessoais para obter esses recursos. Continuamos a trabalhar para alcançar esse resultado. O problema é que podemos ser movidos apenas pela necessidade. Podemos acabar comprometendo o que realmente queremos na vida para satisfazer essa necessidade. Assim, a sombra da carta Os Peixes

é necessária. Se ela lança uma sombra sobre as cartas O Livro e O Cavaleiro durante uma tiragem, a indicação pode ser de que o consulente não está seguindo um curso de vida fiel ao seu objetivo. Talvez precise passar por um período de aprendizado ou treinamento para cumprir seu verdadeiro propósito na vida, em vez de viver no limite, seguindo convenções restritivas.

35. A Âncora: Paralisação, suspensão.
Palavras-sombra: Fardo, obsolescência.

O surgimento da carta A Âncora como símbolo no Lenormand chama a atenção para um aspecto da vida do consulente que precisa de alguma maneira encontrar estabilidade e solidez. Houve muita movimentação na vida dele, e a Âncora remete à necessidade de parar de procurar e começar a sossegar. Além de se referir a uma situação, a carta pode também indicar uma pessoa próxima do consulente. A carta A Âncora lançando sombra sobre as cartas O Cão e A Raposa se refere à energia masculina fora de controle.

36. A Cruz: Fé.
Palavra-sombra: Expectativa.

A sombra da Cruz simboliza um falso senso da realidade, a apresentação de um pedido a uma estrela ou ainda coisas que possam estar além do alcance da pessoa. A carta A Cruz sombreando as cartas A Casa e Os Caminhos sugere que há uma escolha importante a ser feita e que uma má decisão baseada em devaneios e ilusões pode trazer instabilidade à situação. O consulente talvez precise adotar uma atitude mais realista com relação à situação e aceitar a possibilidade de estar enganando a si mesmo.

CONCLUSÃO

Esperamos que, com um pouco de prática, você descubra que o Lenormand é um amigo sincero para toda a vida. No entanto, como todo amigo, ele espera que você faça a pergunta certa, sinal de que você está preparado para ouvir a resposta. Com essas cartas, a resposta está sempre na pergunta, por isso pergunte com respeito e esteja aberto à resposta que lhe é dada.

Para se familiarizar rapidamente com as cartas, conheça os significados das 36 imagens. A beleza e a simplicidade do Lenormand é que os símbolos são de fácil reconhecimento, mesmo para o iniciante mais vagaroso na arte da cartomancia.

O Trevo, por exemplo, traz "um pouco de sorte"; todos conhecemos o Cão como um "amigo fiel"; a Cegonha simboliza "entrega" ou "retorno". Com apenas essas palavras simples, com apenas três cartas, podemos ler: "Um pouco de sorte com um amigo fiel retornando".

O Lenormand fala uma linguagem universal, fácil de aprender. Ele é um excelente ponto de partida para desenvolver as habilidades de adivinhação e um recurso que se tornará um companheiro constante de todo leitor de cartas. Além disso, como um baralho verdadeiramente histórico, ao manusear o Lenormand você aprende os fundamentos da cartomancia, pois ele lhe dá uma boa base para outros baralhos, como o de tarô e vários oráculos. Se você já é um leitor de cartas, descobrirá que aprender a linguagem bem diferente do Lenormand lhe propicia novas ideias sobre outros métodos de leitura.

Para usar esse baralho, volte sempre aos elementos básicos – o significado literal das cartas. As cartas O Buquê e A Casa podem ser lidas como "uma dádiva no lar", mas essa combinação pode igualmente prever alguém trazendo flores para sua casa.

Divirta-se, pratique e faça tudo com simplicidade. Como você vai descobrir em breve, esse baralho de cartas é de fato como a vida – um jogo de esperança desenvolvido com a essência dos seus sonhos.

Marcus Katz

Marcus Katz é professor e profissional de tarô no Far Away Centre, um centro de ensino e treinamento situado em Lake District, Inglaterra. Como codiretor da Tarot Professionals, uma das maiores organizações profissionais de tarô do mundo, ele estuda e ensina tarô há trinta anos e realizou mais de 10 mil leituras presenciais. Professores de renome qualificaram o primeiro livro dele, *Tarosophy*, como contribuição substancial para os estudos sobre o tarô. Ele também é cocriador da Tarot-Town, rede social de tarô com mais de 10 mil inscritos pelo mundo afora, em que compartilha inovações importantes sobre essa técnica divinatória.

Tali Goodwin

Tali Goodwin é cofundadora e diretora de marketing da Tarot Professionals, uma das maiores organizações profissionais de tarô do mundo. É coautora de livros didáticos inovadores nessa área, como *Tarot Flip*, que, com frequência, destaca-se entre os dez livros de tarô mais vendidos no Kindle. Tali é pesquisadora habilidosa e de grande competência, sendo-lhe atribuídos os créditos de publicação do Waite-Trinick Tarot, encoberto pelas camadas do tempo, no *Abiding in the Sanctuary: The Waite-Trinick Tarot*. Também foi coeditora da *Tarosophist International*, uma importante revista de tarô, em 2010 e 2011.